向英勇殉職的警察致敬

警察故事—2

未曾遺忘的兄弟

這些殉職遺眷最想要的是知心的朋友

陪著她們一起面對明天的太陽

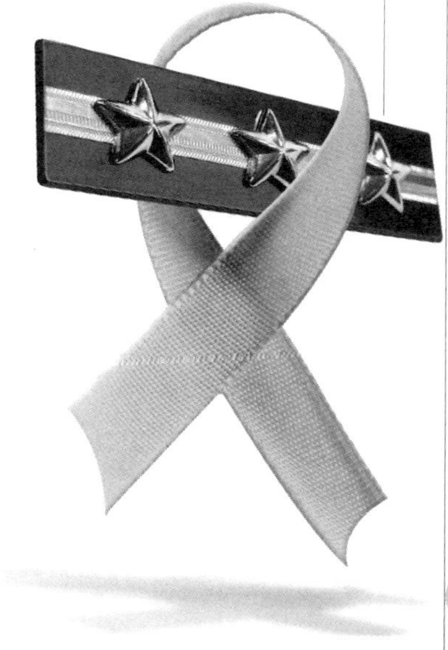

文/張道藩　攝影/邢定[illegible]

目錄

未曾遺忘的兄弟

推薦序

作者序

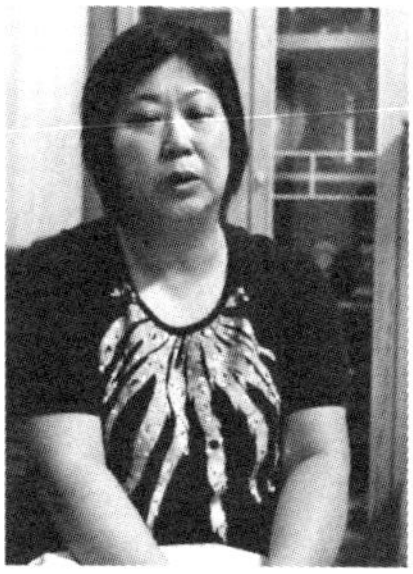

第一篇

41

第二篇

77

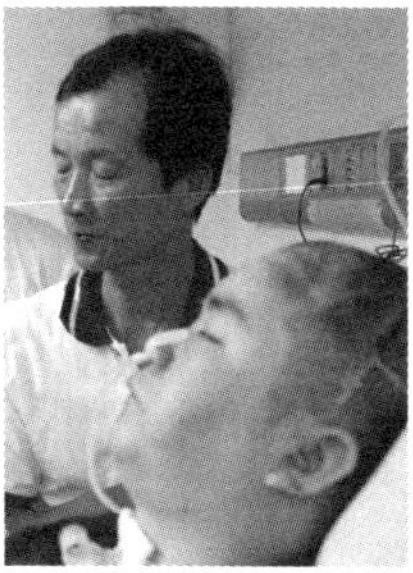

第三篇

103

第四篇

第五篇

第六篇

推薦序

化不捨為大愛

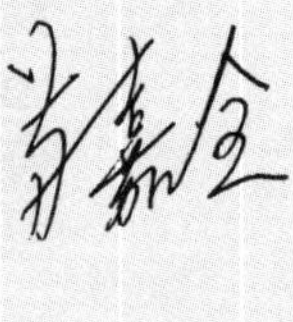

道藩兄書寫這六篇血淚交織的警察遺眷故事，用溫情而敏銳的筆觸，娓娓陳述遺眷們失去摯愛後烙下的傷痛，以及從傷痛中淬煉出的人生智慧，每篇故事承載的是父母、夫妻、親子之間不悔不怨、不倦不懈的愛，且用愛照亮人間。

因處理麥當勞爆裂物不幸被炸死的楊季章，父親楊文光學的正是防爆，沒想到克紹箕裘的小兒子竟然以身殉職，楊爸爸將喪子的傷痛化爲力量，耐心照顧著因此得到憂鬱症的楊媽媽，十二年如一日。

執行巡邏勤務時遭歹徒開車衝撞，成爲植物人已八年半的呂進全，在父親呂錦漳的細心照拂下，身上非但一個褥瘡也沒有，且皮膚細嫩白皙，因爲「我每天用最好的嬰兒油幫他擦身體」，這是多麼不平凡的一位父親！

在警察機械修理廠測試警槍彈道，不慎引起氣爆殉職的王富華，遺下三名子女，妻子林芷羽樂觀正向面對意外人生，希望讓三個孩子快樂成長。因執行巡邏臨檢勤務發生警匪槍戰身亡的林昱宏，遺下妻子李玟慧與三名稚齡女兒，她學習從思念中汲取力量，一心一意陪孩子長大。

而在台中警匪槍戰英勇殉職的李進富，以及於艾莉風災中協助撤離居民，欲折返接同事卻不幸遭土石流活埋的曾國雄，我們如此眞切感受家屬無法言喻的悲慟；走過至痛，如今他們昂然迎向生命，因爲勇敢堅毅、捨身救人的丈夫（父親），永遠活在他們心中！

道藩兄記錄的不止是殉職警察弟兄英勇事蹟，更是令人動容的人生故事；生命未必圓滿，若能寬容以對，化不捨爲大愛，人生愈見豐富！

（本文作者蘇嘉全爲內政部長）

推薦序

感恩的心

謝銀黨

道藩兄寫的這本書，眞誠如實，寫出殉職警察先進遺眷們在失去親人，感傷痛苦之餘，走出憂傷，轉化爲力量，這中間充滿艱辛和淚水，但也衍化成爲人性眞、善、美的最高情境，我內心感動的同時，感覺殉職同仁的精神彷彿與我同在。

書中，有一篇寫到呂進全的父親呂錦漳先生，照顧已爲植物人的兒子八年半。他沒有把植物人的兒子，當成殘廢放棄。反而，滿懷希望不眠不休的照顧兒子，期待有一天上蒼憐憫他兒子的時候，奇蹟會出現。讀著這篇文章時，我內心激動不已，爲這樣偉大的父親，感到無限的敬崇。

因公殉職的警察同仁，將珍貴的生命奉獻給社會、國家，在個人心目中，他們高尙、偉大的人格，永遠値得大家感念與尊崇。個人來自基層警察工作崗位，對於第一線警察同仁工作的情境，知之甚詳。每一因公殉職或重傷成殘的事件，對警察眷屬面臨的困境更是感同身受。因此，如何解決此一警察團隊長期的最痛，常浮腦際。

去年六月十六日，台中市警察局小隊長李進富、葉錫財二人，因偵辦擄人勒贖案件，遭歹徒槍擊殉職，家屬頓陷困境，乃即向各級長官及立法、考試兩院爭取「終身照護制度」，獲內政部蘇部長、行政院游前院長及相關長官積極協助；並經立法、考試兩院全力支持，終能於最短時間內，在同年九月一日由總統公布「警察人員執行勤務因公傷殘、殉職人員的照護制度」，對於殉職人員遺眷和受傷殘廢的同仁，由政府給予物質及醫療上的實質照顧。

除了建構「終身照護制度」外，爲了使相關的同仁或眷屬在精神上獲得慰藉，本署特邀請慈善社團一同協助警察團隊推動「永續關懷」，其中以慈濟「慈警會」最爲熱心，積極投入關懷和照顧殉職員警的家庭，鼓勵他們重新邁向陽光，將感傷的心轉化爲重生的力量，勇於面對新的生活。也讓所有警察同仁，從中塑造大愛共生的優質警察文化，將使警察的光芒更爲燦爛輝煌。

（本文作者謝銀黨爲警政署長）

二〇〇五年五月

推薦序

天上發光的星

蔡德輝

閱上道藩兄的新書文稿，心中起伏的情緒仍久久無法平息。

此書雖僅記載六個殉職員警的家庭故事，但在我眼前浮現的卻是無數個英勇的警察同仁前仆後繼、奮不顧身地衝鋒陷陣、打擊犯罪，憑藉的只是一股對警察工作的熱愛與抱負。

對於親愛的警察同仁們，我們除了提供更多的精良裝備、更紮實的教育訓練與更完善的法規制度保障外，還能爲他們做些什麼？

在道藩兄的書中提到殉職員警林昱宏的遺眷哭著說：「昱宏調到

霹靂小組後，我經常擔著一顆心，每天都要等到他回來，才能放心睡覺，也經常叮嚀他要小心，告訴他要穿防彈背心。但他都認爲防彈衣很重，穿起來很熱。我說這是保護你，你一定要給我穿，但出事時他還是，沒穿，沒穿。」

「我多希望所有員警執勤時都能穿防彈衣，雖然很重，很熱，但替你的家人想想吧！」

而在今年四月汐止警分局橫科派出所員警洪重男，被兩名騎機車蒙面歹徒從背後襲擊殉職身亡後，署裡開始強力要求員警出勤務必裝備齊全，因爲「流汗總比流血好」，以避免死傷再度發生。

這些殉職員警以生命付出的慘痛代價，我們必須永遠牢記，正因爲人生如輕風，何時來何時去，凡人均無法掌握，若能將生命從一種形態轉化爲另一種意義，就如同聖經中但以理書所提及的「復活」的意義：「復活時我們的身體將從泥土中再生，……智慧人必發光，如同天上的光，那使多人歸義的，必發光如星，直到永永遠遠。」這些殉職的同仁將他們現世的生命轉化成「天上發光的星」，就如同復活了一般，永永遠遠守護我們、警醒我們。

傷痛的淚水始終會流乾，悲涼淒苦的遺眷面容，也多在出殯追思會後被遺忘在塵世間。

對於殉職員警家屬的故事，很少人曾進行完整的追蹤報導，而道藩兄卻以其一貫關懷警政的心，用他情感豐沛的筆端，深刻地道出六個心酸家庭的心情故事。

與道藩兄相識多年，深深感受到他對人的熱情與誠懇，他自承這幾年來他一直想做這種能感動人心的寫作，但在這一片喜好麻辣的媒體環境中，堅持自己是多麼的困難。

縱觀本書，書中沒有煽情嗜血、危言聳動的語調，有的只是溫潤人心、關懷生命的動人詩篇。此書得以出版，證明了他心中的一方天地是無人能奪去的，他用悲天憫人的情懷與高尚的專業素養寫下這一篇篇動人的紀錄，並慨然將所有版稅捐贈警政署「警安基金」，這都再再顯示道藩兄至眞至誠的性情。

「惟有眞情，將愛蔓延」，感謝道藩兄爲我警察同仁及眷屬們所做的一切，亦願這些令人心碎的故事能勉勵所有同仁記取慘痛經驗，爲了家人更珍惜自己和周遭的所有親人。

（本文作者蔡德輝爲中央警察大學校長）

二〇〇五年五月于誠園

推薦序

認命演出

劉勞平

每當警察人員破獲重大治安事件贏得社會大衆的掌聲，成爲新聞媒體鎂光燈之聚焦對象；或每次警察人員執勤遇襲，甚或因公殉職引起社會之震撼與義憤，警察人員理所當然成爲該事件之主角。

但人們往往忽略了事件中的另一位主角——警眷，他們的心情與情緒永遠是隨著警察故事中的主角起伏上下的，他們全程參與警察故事的演出，但卻從不會是警察故事檯面上的角色。

警眷是一個既辛苦又不討好的角色，在警察故事中的演出，向來由不得自己選擇，若非身歷其境，恐難一語道盡其中的「苦」！平時即需忍受聚少離多的日子，又要擔驚受怕警察工作的風險，半夜響起的電話鈴聲尤其教人夜不安寢，因此「認命」似已成爲他們面對人生的最大公約數！

當不幸降臨時，再大的震驚與悲痛，也會隨著時間的流逝而被社會淡忘，甚至被另一齣新警察悲劇所取代，這一幕幕故事在警察舞台謝幕後，還有多少人記得那些失去至愛又不曾被時間沖淡痛苦的警眷們，今日還安好否？

道藩兄以宗教家的悲憫，深入被遺忘或淡忘的悲痛記憶中，尋找那逐漸褪色的警察故事：楊季章母親的思子之痛，呂進全父親的不離不棄，魏曉萍、林芷羽的堅強，眞實又感人，每則故事都觸動我內心最深處的感動。

道藩兄用一貫關懷人文的情懷，和專業的新聞觀察觀照警察，發掘那最微弱、最不易被人察覺的警察故事，其用心令人佩服，特爲之序。

（本文作者劉勤章爲臺灣警察專科學校校長）

二〇〇五年五月二十日於興隆崗

推薦序

不平凡故事與永續關懷

侯友宜

在道藩兄送來的新書文稿中，看到了充滿眞實情感的文字記錄，殉職同仁們的英勇事蹟在眼前一一浮現，家屬們的感性告白與心路歷程，躍然紙上，我幾乎是噙著淚水看完。

李進富與綁匪格鬥殉職；曾國雄風雨中奮勇疏散居民，至今仍在崩塌山石中杳然無蹤；王富華在槍枝試射場中搶救同仁反遭塵爆吞噬；呂進全遭歹徒襲擊，至今仍由令人敬佩的老父每日用愛心復健；林昱宏與歹徒飛車追逐槍彈，不幸殉職；楊季章處理爆裂物殉職。

這六個例子都是我們英勇的同仁們，以大無畏的身軀，阻隔凶險。家屬們一時痛徹心扉，難以接受。而部分同時服勤的同仁，至今仍爲當初的決定追悔不已。我深切感受到證嚴法師所說，「最痛苦的並不是死亡本身，而是活著的人的愛別離苦。」

本局楊季章分隊長不僅是忠於職守的優秀同仁，也是慈濟功德會的勸募委員，七十九年七月由保一總隊借調到偵五隊服務時，就帶了一個捐獻箱報到，逐一說動同事捐助濟貧基金，參與社會公益活動，平時他也參與馬偕醫院幫助殘障兒童救助，愛心不落人後。

我們爲他的犧牲感到不捨，多年來，本局警英列傳的專屬網頁一直記述著這個事件，不僅是要永遠追憶這個英勇事蹟，更意在惕厲處理防爆事件的同仁們，畢竟只有認眞執勤，安全的回家，才能再齊力爲社會治安拼搏。

在任職臺北市刑警大隊期間，我曾親自面對老同事李富星遭歹徒槍擊致死，雖然同一天深夜，包括開槍的陳新發在內的三名歹徒即在圍捕中伏法，這個慘痛的經驗讓我深深覺得，即使三名歹徒伏法，警界仍然無法彌補失去一位優秀同仁的損失。

所以，警察在面對危險時刻的選擇，絕非一般人所說的冷漠無情，而是用那天生的凜然正氣，毫無遲疑的迎向前去。警察的專業訓練，以及處理社會失序行爲的經驗告訴我們，在執勤中，最重要的兩件事是，「注意自己處身於什麼樣的環境以及瞭解自己的能力。」

前者之所以重要，是因爲唯有瞭解環境中的不穩定因子，才能面對突發事件，立即反應；而後者則是要不斷衡度自己的條件，讓自己有足夠保護自己的能力。但每次偵辦警察同仁遭歹徒襲擊遇害的案件，相同的情景都是大伙眼看著平日愉快相處的優秀同仁不幸殉職，義憤塡膺，自然就有無比的力量趨策，全力以赴地將案件儘速偵破，而我寧願不要再有這種案件發生。

《未曾遺忘的兄弟》這本書的題材與內容，記述著六個平凡人在不平凡時刻的非凡事蹟，也鋪陳了六個警察家族面對失去親人的心情故事，我同意道藩兄在序文中所言：這些非凡故事足以讓每一個存在的人珍惜當下，疼惜自己，也疼惜身邊的人。但只讓他們活在我們的心中還是不夠的，我們必須有具體的方法，讓已走出傷痛的家屬們，繼續快樂的生活；讓還在追念的家屬們，儘快忘卻傷痛，迎向快樂；更要讓不幸的事件，不再發生。

道藩兄的這本警察故事第二集，深入的表達了人性的關懷，記述著不平凡故事，不只表達我們未曾遺忘這些兄弟，也更加顯示了在警政署謝銀黨署長的眞情推動下，順利完成修法，並且結合社會公益團體的愛心，從制度的建構，啓動對因公殉職或殘廢的同仁，暨親屬的永續關懷與照護，這本書的付梓，此其時矣。

（本文作者侯友宜爲刑事警察局長）

二〇〇五年五月

自序

無是常態　有要感恩

張道藩

溫暖人心，感動人心的新聞，一直是隱藏在我內心多年想做的題材。殉職員警遺眷的故事，是其中之一。

今年三月一日，我到年代新聞台工作，從報紙轉到電視，跳進新的領域，讓我有機會能藉著影像來實現這個夢想。在警政署、佛教慈濟基金會、殉職員警家屬的全力協助下，我進行了這項專題採訪工作，並有機會把全部內容記錄下來，寫成這本「警察故事」第二集

《未曾遺忘的兄弟》。

這次的採訪工作很特別，除了有年代新聞的錄影拍攝外。還有一位曾經得過金鼎獎，有十八年攝影經驗的資深攝影邢定威，和我同步進行書的照片拍攝。他並爲每篇內容撰寫「攝影筆記」，豐富這本書的內容。

我這次撰寫《未曾遺忘的兄弟》，也突破我二十三年來的採訪寫作經驗。我將每一採訪回來的故事錄影帶，從頭到尾看一遍，並逐一做記錄。所以撰寫這些故事時，我是在影像和實體記錄中完成。

我將故事人物影像表情帶進文章中，寫作時不由自主浮起的畫面，所產生的回想，彼此互相連接和跳接，非常深刻。文筆也變得通俗順暢，寫來相當入味，是寫作的另一種境界和感受。影像的魅力，我在這次工作經驗中，也充份感受到，是寫作上的一大突破。

故事撰寫內容，我幾乎保留了故事中每一主角說話的原意和原味。書的內容可以視爲，殉職員警家屬的一段心路歷程記錄，我只是把她們所說的親身故事內容，心底的感受和反應做連接而已，是一份親人眞實感情的記錄，特別珍貴。

在這採訪、看錄影帶、整理大綱、寫稿的過程中，每一故事中主角的話和表情，不知來回感動了我多少次。第一次在年代新聞剪接室，看第一個採訪完成的曾國雄家屬錄影帶，看到曾國雄的兒子曾彥平訴說，「當寂寞，一人在家，或走路的時候，會想到爸爸，但又不敢向媽媽說。」眞是再也止不住淚水。

這項採訪給我很多的啓示和悟動，也再一次確認自己所做的事是對的。而我也相信這樣的題材和內容，能爲我們目前社會找回一些失去，而共同所在的核心價值，那就是「對人的關懷，對生命的尊重。」

這本書的撰寫，協助警政署進行「永續關懷」的慈濟基金會師兄、師姐，也共同加入完成。爲每一篇故事，寫一篇他們協助家屬走出陰霾，面對未來生活的過程，和她們從中獲得的回饋。這本書，是共同參與的結晶，我只是把大家的心得串起來而已。

這本書，可以幫我們了解更多殉職員警和重殘員警家屬的心聲，並知道如何去幫助他們。她們有的走出，有的仍活在對逝去親人的追念中。有的還在爲明日祈禱，她們的丈夫能安然的回來，植物人的兒子能有奇蹟出現，突然醒了過來。

而所有存在的人，讀了這些故事，我相信也會更珍惜自己的生命，疼惜自己和周邊的人。這本書的題材我蘊釀了很久，但能在這個時候完成，得到很多人的鼎力協助，我將他視爲人生的機緣，也牢牢的掌握住，並矢命達成。

我要特別向接受我採訪的家屬，致上最高的敬意和謝意，她們肯敞開心房接納我，是書得以完成的關鍵所在。而在採訪過程中，爲了讓家屬們，說出她們潛在內心的最底層感受。我經常要去觸動、挑戰、撞擊，她們最不堪的回憶和情緒，我自己都覺得殘忍，在這裡也請求她們的原諒和寬恕。

「無是常態，有要感恩。」祝福所有的人。

這本書的版稅，將捐給警政署「警安基金」，讓更多的人來關懷殉職和重傷殘的員警遺眷，讓大家的「永續關懷」生生不息。

自序 透過鏡頭見證

邢定威

《未曾遺忘的兄弟》這本書中的人物都有一個共同點－都是失去自己最親近的人——

用影像來記錄她們，曾經是很沈重的思考，我要記錄她們什麼？她們的悲泣！她們的無奈！還是她們生命中一輩子的陰影。哭，並不盡是悲傷。笑，也並不完全是歡樂。一連串的圖像，那一格才是她們內心眞正的寫照呢？我只是透過鏡頭擔任「悲傷的見證者」嗎？在這過程中，我的心靈也不斷受到撞擊。

眞實故事的敘述，側重的是心理層面上的訪談，心扉的開啓，讓大家知道每一個不幸個案中的主角，是如何走過心理療傷過程。所以在拍攝的人、事、物時，不希望有情緒的介入，這也是重要圖片構成的法則。

書中有些案例在當年案發時也曾採訪過，多年後的今天以不同角度，再一次的拍攝採訪，錯綜複雜的情緒，也只有自己從事新聞攝影的人，才能眞正了解那份無奈又眞摯的感觸。

這本書是我與道藩兄報社同事多年，首次合作，更感謝他的鼓勵，也是從事平面新聞攝影工作近十八年，在極短時間下壓縮完成。

我有幸經歷過台灣報禁開放時期，與新聞圖片改革浪潮，在台灣社會多元化的轉變中，也讓我們認眞的學習到許多新聞採訪拍攝的題材，書中每篇《攝影筆記》談的不是攝影的技法，而是對人的尊重與關注，照片中有攝影創作的獨立性和反映社會記錄事實。

影像數位化後，攝影的門檻降低了，未來是否造就更多大師級的攝影工作者，攝影記者們面臨另一種選擇考驗。

人文素養的內涵專業化，工作態度成熟的運作，在良好調合的工作環境中，讓自己的圖片在版面上有所呈現，以追逐影像作爲證據圖片是截然不同層級。

無論如何以上兩者，是反映現今職場的問題，如何提高視覺敏銳度，才是創作重要的來源，多面像的嘗試才能適應潮流的轉變。

英勇事蹟

和擄人勒贖的綁匪發生槍戰，被擊中心臟身亡。另名小隊長葉錫財，也同時殉職。

不曾離開的天使

李進富

殉職時間：93．06．16

原服務單位：台中市警察局第二分局刑事組小隊長

追贈：組長

殉職時年齡：39歲

遺眷：魏曉萍（妻）、李嘉浚（兒子）、李雅雯（女兒）

魏曉萍

李進富的遺孀

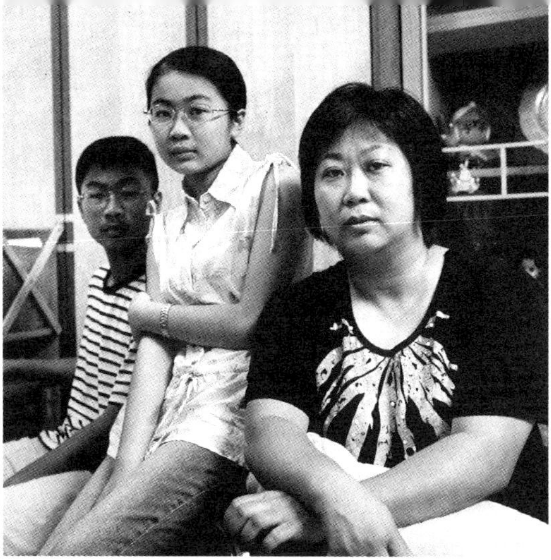

李進富殉職後（左起）嘉浚與雅雯是母親魏曉萍生活的重心。

一年來，我們不覺得他離開了，
只當成他出遠門，
出國環遊世界去了，
我們從來不覺得他離開過我們。

「爸爸我以你爲榮」，李進富就讀國中三級的兒子李嘉浚，說完他想向爸爸說的心中話，站起來，轉身去拭淚。

李進富的弟弟李進來，目前服務於台北縣警察局永和分局，年邁雙親李忠福、李吳足迎目前住在雲林北港鄉下務農。

李進來說，日前回雲林老家，爸爸對他

殉職員警李進富（左）葉錫財（右）告別式會場備極哀榮。

警政署長謝銀黨（左）參加李進富的告別式並向父親李忠福（右）致意。

說，「每到大蒜收成期，我和你阿母在搬蒜頭時，都會想到你哥哥，他會惦惦的從台北請假回來幫忙。那天，你阿母在搬蒜頭時想起你大哥，整個人仆倒在田埂上哭，」李進來說到這裡時，再也壓抑不住，掩臉而泣。

李進來說，「日前回北港鄉下，爸爸跟我說，我媽媽經常一個人在深夜裡偷偷掉眼淚。爸爸說，我媽媽身體不好，所以他要更堅強我覺得我爸爸的心蠻痛的，因爲他要裝堅強。」一陣哽咽，李進來說不下去了。

李進富殉職剛滿一年，全家上下都還活在對他的思念中。從他們各自的表情中，

內政部長蘇嘉全親頒「範典永垂」獎章給李進富的遺孀魏曉萍。

感覺的出來，他們都背著一個各自暗藏的心事在過生活，也許不沈重，但真正的快樂卻離他們很遠。

李進富的妻子魏曉萍，從外表看起來，應該是很樂觀的人。但也是一提起丈夫的一切，就滿臉淚水，像她說的，「丈夫所講過的話，一直在我們腦海裡面，好像電影那樣，一幕一幕一直放映。」

李進富在台中市第二分局刑事組擔任小隊長，魏曉萍說，丈夫平常在家的時間就不多，三更半夜或一大早回來，小孩子二、三天沒看到爸爸也都是正常的，大家也習慣了。

但一切畢竟太突然了，小孩子去上課時，爸爸還好好的。中午孩子被接去醫院

李進富（二排右一）與李進來（後排左一）兩兄弟全家，去年過年和父母親留下難得三代同堂的紀念照，也是最後一張家族合照。

嘉浚（左）雅雯（右）的成長過程比一般同年齡的孩子較為獨立。

時，看到的卻是滿身是血的爸爸，身上插滿管子，昏迷的躺在急診室裡。你說，我們怎麼能接受啊！

如果，大家記憶猶新，一定還記得那個在醫院被記者攝影機、照像機，團團圍住，鏡頭幾乎壓到臉上的小女孩李雅雯。那時，她一臉驚懼，流著淚對著記者懇求，「我都沒有爸爸了，你們還一直照我幹嗎？」說著，就一手把鏡頭撥開，摀著臉，倉皇離去。

後來，主動去關懷李進富一家人的知名藝人「黑人」陳建州說，「我在電視看到那一幕，非常的不忍，在前往台中辦活動的同時，到殯儀館安慰他們。」

這次到李進富家採訪，長得清清秀秀讀國一的李雅雯，仍是一句話也不說，只是，睜著好奇的雙眼，微笑，點頭。媽媽說，「她比較會保護自己，」慈濟的師姐說，「她是當時被記者和攝影機嚇到了。」

魏曉萍說，「事情發生時，我本來是蠻想不開的，可是我兒子鼓勵我要堅強。兒子去上課，同學見他堅強不哭，告訴他，如果難過不要壓抑。他說，我不能把悲傷帶到學校來。我那時想，我小孩子都那麼懂事，我絕對不能在他們面前哭，給他們再看見。所以我改變，在他們面前，絕對不哭。」說著，說著，魏曉萍又哭了。

但還是有無法遏止的時候，逝去的丈夫就像陽光和影子一樣，不時的對她襲來。她說，有時開車聽到一首曾和丈夫生前一起唱過的歌，就會特別悲傷和懷念，眼淚不由自主的流下來。孩子看了，會安慰她說，「媽媽你不要想了，事情都已經過去了，日子還那麼長久，」「我騙他們說，我沒有難過，只是陽光太強了，眼淚才掉下來。」孩子太了解她了！

魏曉萍說，「二個小孩都很善感貼心，我想他們也是選擇遺忘，

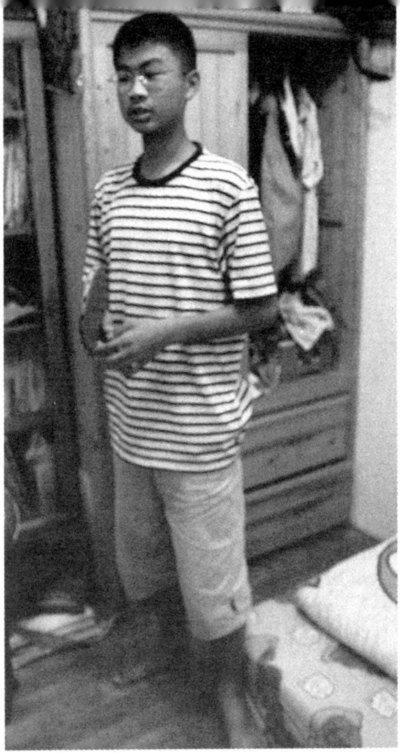

嘉浚說想爸爸的時候就會拿出他生前送給我的桌球拍摸一摸後再放回去。

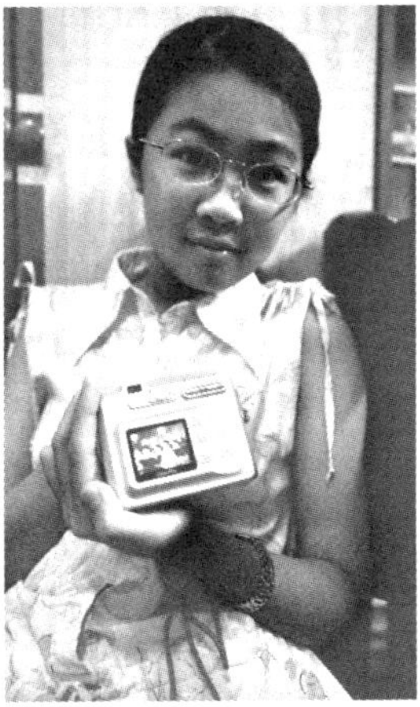

雅雯的照相機裡記錄著一家三人的生活點滴。

淡忘，他們是儘量不想去觸動那個痛。」

李嘉浚讀國中三年級，到他家中訪問時，他正準備高中入學基本學力測驗的考試。從他的表情中，可以看得出來，他承受的壓力之重，讓他和同年齡的小朋友相比，更沈默和懂事。他說，「有時讀著書，就不自覺的想起了爸爸，雖然想儘量不想，但心思就是跑到爸爸身上。」

李嘉浚的房間書架上，放著一把父親買給他的桌球拍，已好幾年了，但卻還很新。他說，「想爸爸的時候，我就對著它看，或拿出來摸一摸，再安心的放回去。」

對李嘉浚承擔的這份壓力，媽媽倒是擔心的很，她說，「他有壓力也不講，我跟他說，你不要給自己壓力，但他說，他就是會怕，怕考的不好，外界會說他爲什麼考不好，我希望外界不要再把我們想的太好了。」

話頭又轉回丈夫李進富身上，魏曉萍嘆了一口氣說，人一定要珍惜眼前的一切，有些事情，當時都沒有講出來，現在先生走了內心蠻後悔的。

過去，先生很重朋友，他們有時候會爲了朋友之間的事情爭執。先生常跟她說，「做人不要太計較，你計較愈多，吃虧的還是自己，等他走了以後，想想，那些眞的不是什麼很大的事情。」

李進富、魏曉萍伉儷情深，此景已成追憶。

李進來在永和警分局談起哥哥的殉職，讓他在對人生的看法上也有很大的轉變，他說「人生無常，很多事不要太計較」，他的觀念和想法，竟和他哥哥生前所想不謀而合。

李進來說，「哥哥大我二歲，進警校前換過不少工作，很波折，後來爸爸建議哥哥去讀警察專科學校，我是受哥哥的影響才進警校。平常我們見面次數不多，但常常通電話，哥哥對我總是關心。」

李進富和綁匪發生槍戰心臟中彈，李進來從台北趕到台中時，哥哥已往生。嫂嫂跟他說，急救時血輸都輸不進去。李進來用低沈的聲音說，「我當時看著哥哥的臉，表情安詳平靜，我突然想起生前他笑的樣子。」

李進來說，「這一年來，我經常想起一個畫面，小時候，每到甘蔗採收季節，我都會跟著哥哥後面去追台糖小火車。我們住在鄉下的一大群小孩，追著

曾任職少年隊的李進富（左三）非常注重小孩子的成長教育，常常全家與鄰居出遊增進親子感情。

小火車跑，哥哥奮力的從火車上抽出甘蔗一丟，我在後面撿，好刺激和過癮。」採訪中，這是李進來唯一一次眼神露出光芒。

李嘉浚的書桌上方，放了一本《天使走過人間》的書。他說，這是「黑人」陳建州送給他的。但他說，「太可憐了，我沒有看完。」陳建州的父親陳培元是華航座艙長，十年前，在名古屋空難中殉職。當時陳建州的年齡，和現在李嘉浚的年齡一樣。

陳建州說，「在這個年齡，發生這件事情的小孩子，心裡的衝擊很大，將來不是大好，就是大壞。」他說，「《天使走過人間》這本書，在面對死亡時比較豁達，比較不會那麼沈重。人的生命就像蝴蝶破繭一樣。我們人是軀殼，靈魂飄出我們的軀殼，就像蝴蝶自由自在飛翔更美麗。」

陳建州在接受訪問時說，他非常誠心的祝福魏曉萍一家人，每到家鄉大蒜收成期，我與阿母都會想到哥哥……任職永和分局的弟弟李進來一度掩面而泣。

他說，「希望嘉浚能夠像你爸爸一樣，保護別人。你爸爸在我心目中，是眞正的英雄。多幫助媽媽，有能力時也幫助週遭的人。要快樂，自己要堅強下來，你們將來一定是不一樣的。」

魏曉萍一家人，都非常感謝警政署長謝銀黨，對他們全家的關心。他們說，「那是一股很大的生存和向上力量。」

訪談結尾時，話題轉到剛偵破不久的台北縣汐止警分局殺警奪槍案，魏曉萍感慨的說，「事情發生時，我們和當事者一樣，很痛，哭的很難過。心想，爲什麼還會有這種事情發生。爲什麼？現在人這麼可怕，爲什麼社會的動蕩不安，變得這麼無藥可

警政署長謝銀黨（左起四）邀請李進富、葉錫財兩位殉職警官家屬餐敘了解家屬近況。

救，讓我們的心都快承受不了壓力一樣。有時想，電視乾脆不要看算了。」魏曉萍語調激昂，但每一句話都充滿反思。

採訪後記

魏曉萍看起來很堅強，也很樂觀，但只要談起丈夫，眼淚就像自來水一樣，不由自主的流個不停。

才國中三年級的嘉浚，看起來很沈重，但卻很懂事，讓人隔外心疼。妹妹雅雯不時露出甜美笑容，但從頭到尾卻不說一句話，讓人感受失去父親的痛，仍是一道難以平撫的傷口。

該怎麼過日子，對相濡以沫的一家人來說，也許不難。但總希望他們能慢慢揮掉，或淡忘那烙在心中的傷痛，真正開朗無所羈的面對未來人生，不再悲心、悲情。

走出李進富家，想起證嚴上人說的，「人生無常，體會到想到就該去做，不要讓一切變成空過因緣。」

攝影【筆記】

拍攝人物專訪，最重要的是掌握受訪者心情的起伏與交談中的肢體語言。面對悲情的人物題材時，更要以憫人的心來取得畫面。

訪問開始，相機按下的前幾格畫面，往往是沒有目標隨興的拍攝。目的是讓受訪者習慣現場攝影者的存在與快門的聲音，除去心中的不安情緒後，建立彼此的默契。

已漸平靜的魏曉萍，正述說著嘗試走出傷感的心路歷程。此時從鏡頭的一角，看到嘉浚與雅雯，正傾心聽著母親的話語，構圖的元素中，可讓人感覺到他們一家互相扶持的力量與能量。

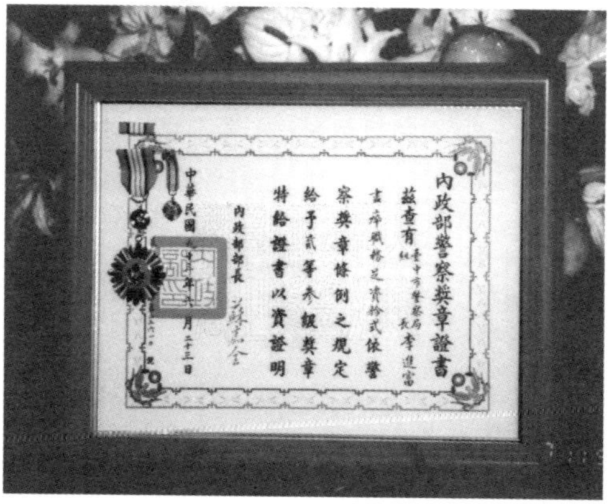

李進富警官殉職後所追贈的警察獎章與獎牌。

魏曉萍寫給李進富的一封信

老公：
這些日子我和兒子、女兒有共同默契就是不去談爸爸的事，甚至
有關你的剪報、相片我們也沒有勇氣去翻閱。每到夜深人靜時，
我們習慣往電腦方向看，彷彿你還在那玩「天堂II」努力的打怪物、
或半夜突然醒來時，你是不是又站在床邊研究我睡覺的姿樣，往往
把我嚇的哇哇大叫，你才高興去洗澡。結婚16年來，從交往到你
離開我們的那天就像放電影一樣，一幕一幕在我腦海裡播放。
問我心痛不痛，痛，說真的好痛，痛到有點給他不想活了，但想
到兒子、女兒我怎麼捨得，兒子會跟同學說：我會堅強，我不能把
悲傷帶到學校來。我這個做媽媽的怎能輸給兒子呢？
回想六月十六日，接到你同事來電要我趕到醫院，我竟然跑錯
家醫院，怎麼跑到中山醫院我不曉得，只知道我跑好久好久，
結果……我和小孩連一句話都沒能對你說，你就這樣
離開我們。看著你的臉、身上的傷，我好不捨，恨不得我能代
替你，你一定也不願意相信自己生命到終點了。
我只能在你耳邊輕輕對你說：老公你放心，不要留戀，
我會好好照顧小孩長大成人，我們下輩子再當夫妻。看著你的臉
漸漸柔和不再是驚慌時，我想老公你一定有聽見我的話。
看法醫在你腹部挖子彈，我只能在一旁看著你說放輕鬆，要
把子彈取出來你才會舒服……當清洗伯伯要在你
身上沖洗時，我拜託他們……合要麻煩
小叔買來的毛巾，我小心仔細……

……在你臉上，只希望……
……流下來時，我大哭的……
因為你一直都在我……
想念你，每天……
控制不了想對你……
我和兒子、女兒……
你，因為我真的……
這些日子有……老公你也……
幫我走出來，老公你也……
表們的鼓勵，幫我走出來，……真的很……
樣子，好可怕，所以我才能又「活」起來，……
所以，老公你要放心，安心的去跟菩薩……
好自己，只希望你不要擔心、掛念。
阿彌陀佛
老婆 94.5.1

老公：

這些日子我和兒子、女兒有共同默契，就是不去談爸爸的事，甚至有關你的剪報，相片我們也沒有勇氣去翻閱。每到夜深人靜時，我們習慣往電腦方向看，彷彿你還在那玩「天堂Ⅱ」努力的打怪物。或半夜突然醒來時，你是不是又站在床邊研究我睡覺的拙樣，往往把我嚇的哇哇大叫，你才高興去洗澡，結婚十六年來，從交往到你離開我們的那天就像放電影一樣，一幕一幕在我腦海裡播放。

問我心痛不痛，痛，說真的好痛，痛到有點給他不想活了，但想到兒子、女兒我怎麼捨得，兒子會跟同學說：我會堅強，我不能把悲傷帶到學校來。我這個做媽媽的怎能輸給兒子呢？

回想六月十六日，接到你同事來電要我趕到醫院，我竟然跑錯家醫院，怎麼開到中山醫院我不曉得，只知道我開好久好久，結果……

我和小孩連一句話都沒能對你說，你就樣離開我們。看著你的臉、身上的傷，我好不捨，恨不得我能代替你，你一定也不願意相信自己生命到終點了。

我只能在你耳邊輕輕對你說：「老公你放心，不要留戀，我會好好照顧小孩長大成人，我們下輩子再當夫妻。」看著你的臉漸漸柔和不再是驚慌時，我想老公你一定有聽見我的話。

看法醫在你腹部撈子彈，我只能在一旁看著你說放輕鬆，要把子彈取出來，你才會舒服，不要把子彈也帶走。當清洗伯伯要在你身上沖洗時，我拜託他們輕一點，小心一點，我怕你會痛，拿著麻煩小叔買來的毛巾，仔細的在你臉上擦乾淨，我忍住淚水不滴在你臉上，只希望你一路好走，小聲的和你說話，看見你眼淚流下來時，我大哭的要你別難過，我會堅強，我知道你都了解，因為你一直都在我身邊。

想念你，每天對著牌位告訴你今天發生的芝麻小事，我就是控制不了想對你說，想知道你現在好嗎？有空到我夢裡來，我和兒子、女兒好想念你，還有我有沒有告訴過你，我不後悔嫁你，因為我真的好愛你。

這些日子有社區可愛的好鄰居，惠美、玉婷、玉政、惠芝，麗鳳夫妻們的鼓勵，幫我走出來，老公你也知道他們「雞婆」起來時的樣子，好可怕，所以我才能又「活」起來，真的很感謝他們。

所以，老公你要放心、安心的去跟菩薩修行，我們會照顧好自己，只希望你不要耽心、掛念。

阿彌陀佛

老婆　94．05．01

佛教慈濟基金會
李端芳　謝許雪　林焰梅

安息吧，李隊長！

你的過去
我們來不及參與，
你的未來
慈濟人願意陪你的家人和孩子，
好好的走下去。

你的過去我們來不及參與，你的未來慈濟人願意陪你的家人和孩子好好的走下去。

猶記得接到李隊長因公殉職，英年早逝之消息，腦海中閃過當天所發生的事，是那份親人永別的傷痛，眼見老父親從老家趕來悲痛昏厥，被人高抬在頭頂上送入急診室的畫面，家人和孩子必須勇敢的去承受，未來失去家庭支柱唯一依靠的人，眞的很令人心酸。

短短人生，袂嘸擱重來！

生死一瞬間！無來無去無代誌。

世情冷暖，點滴心頭，冥冥中上天安排李隊長瀟灑光榮的犧牲，就因你的走，而受惠了往後因公殉職家屬子女，就讀到大學都由政府補助，那份用生命換來的代價太高了，可是你堅毅英勇精神永存人間，牌位也列入忠烈祠。

證嚴上人曾說：「生命價值不在長短，人命在呼吸間，應問是否爲人間發揮了自己的良能。」

上人行腳至台中，曉萍有緣和上人面見，上人曾經以手輕拍撫慰曉萍厚實的肩膀，說：「妳的肩膀很厚實，是很有福報的人，把兩個孩子帶在身邊好好照顧長大成人，生的人心安，亡者才能靈安。」

失去親人的痛，說不痛都是騙人的，曉萍妳那份痛，我感同身受，長期來的陪伴往事歷歷在前，人生想得透徹一點，沒有一件事和東西，可永遠與我們爲伴，到後來終有聚散的時候。學「前腳走，後腳放！」

儘管面對是殘酷的一面，在殯儀館將近一個月風雨無止的陪伴，無形中已拉近了妳和慈濟人的距離，往後當妳心中有事皆會問謝師姐，把心裡話訴出來，很感恩妳對咱信賴，妳不但把慈濟給妳的濟助金加倍捐出，又知恩且造福，當了慈濟長期會員。很感恩妳回饋，而能造福些更需幫助的人。

手拉著小雅雯的小手，我凝視著那份純眞可愛秀氣的臉，她不時的爲父親離去，而感傷的涔涔掉淚。我的面頰不知何時也跟著掉下淚來。我只能告訴妳：「孩子！人生路雖崎嶇難行，但必須勇敢一步一步踏實的走，不要怕跌倒，只怕爬不起來，走不穩，和亞齊地震海嘯比起來，上天待我們不薄，賜給我們健康的身體，也要感謝天，和感謝地。」孩子很天眞！又笑了！

證嚴上人常勉眾：以「誠、正、信實」待人，行「慈悲喜捨」之心，顧好自己慧命，永不迷失，才不枉人間走一趟。希望有緣人皆能從善門入。

只要緣深！不怕緣來的遲，只要找到路，就不怕路遙遠。

臨別時！望著那三炷清香，一縷縷清煙，上達諸佛聽，信佛菩薩會保佑你們一家平平安安。

讓我們都成為天使吧！

■陳建州

李進富、葉錫財兩位警官和歹徒發生槍戰的那一天，
我從電視的ＳＮＧ現場轉播，
看到他們二位警官的家屬，滿臉茫然無助。
李進富一對兒女李嘉浚和李雅雯的臉，
從那一刻，就一直烙印在我腦海。

事情剛發生沒有多久，我到台中市參加一場活動，結束後，我前往殯儀館給兩位英勇殉職的警官上香，我拿出了那天的十萬元主持費，給二位警官家人，表示我對他們的敬意和慰問。

自己成長在單親的家庭，成長過程中，可能是單親的關係，我總是會碰到比別的孩子更多的挫折，而且心裡總是感到非常的無助及憤

怒。

幸好當時我接觸到籃球，在球隊裡，教練及學長給了我很多教導和溫暖，現在回頭想想，自己眞是幸運。

身邊的有些朋友，和我有類似的家庭狀況和境遇，他們不少都走偏了，不是進少年觀護所就是混幫派。而我因當時有人從旁幫助我，關心我，不斷的鼓勵我，讓我的人格有正常的發展。

一年來，我和李進富家有了互相的關切和互動。我到台中辦活動，嘉浚還和同學做看板來爲我加油打氣，讓我非常的感動。他們兄妹，也經常傳簡訊給我鼓勵，讓我感受到幫助和多關心別人，反而使自己受到更多的回饋，讓我的心靈有更多成長及提升。

有一次到台中碰到警察先生，他還持別跑來跟我道謝，他說：「黑人老弟，謝謝你幫助我們學長的家屬，以後你來台中，如果有需要我們就算請假都會出來幫你，因爲你現在是自己人了。」當時我內心非常激動，也感到榮耀，我成了人民保母的「自己人」。

在成長的路上，單親的孩子如果能有關心他們的「自己人」在旁邊鼓勵他們，幫助他們，他們一定能成長的更好，更安穩。希望有更多的自己人加入，來幫助殉職員警的家屬，而不求任何回報。就像我送給嘉浚的那本書《天使走過人間》，讓我們大家都成爲天使吧！

曾國雄

爸爸我們等你回來

英勇事蹟

艾莉颱風來襲，曾國雄奉命撤離居民，返回橫山檢查哨接同事逃離時，和另二名同事張聖堂、孫智華，同時遭崩塌土石掩埋。曾國雄遺體至今仍未尋獲。

失蹤時間：93．08．25

服務單位：新竹縣警察局橫山分局清泉檢查哨警員

失蹤時年齡：42歲

遺眷：秋美玉（妻）、曾彥哲（長子）
曾彥汝（長女）、曾彥平（次子）
曾睿昕（老四）

曾國雄遺孀

秋美玉

我總是想著國雄還活著，
在這世界的某一個角落，
我對丈夫仍有等待！

對失去親人的人來說，一切都不再，
留下的真的只是片片的回憶。
再多的淚水、傷心和回憶，
也喚不回過去的一小片刻溫情。

秋美玉與曾國雄的結婚照。

在一整天的採訪中，曾國雄的遺孀秋美玉，唯一一次的燦爛笑容，是談起先生從山上下來買肯德基炸雞，再送到新竹園區工廠給她吃的情形。

秋美玉說，「我們那時住在尖石山上，我在新竹科學園區上班，每天上班要騎很久的機車。有一天我先生開車下山，送來我最愛吃的炸雞，女同事看了都羨慕不已說，『妳老公，怎麼那麼疼你』」。說這話時，她整個人都笑開了，讓人看到一位傷心女人的美麗。

回憶出事的情景。秋美玉說，「曾國雄從巡佐升上警正，到中央警察大學受一個月的訓練剛回來。那時，孩子的暑假已近尾聲，為了陪孩子，他把四個小孩都帶到山上去玩，我自己因上夜班沒有跟去。隔了兩天，艾莉颱風來襲，

曾睿昕（右）曾彥平（左）面對父親發生的意外沒表露日常生活中，卻留在心中的一角。

我很擔心山上的風雨很大，那天我一顆心上下跳動很不安。」

因山上雨勢很大，婆婆曾玉英，要曾國雄的哥哥曾敏雄，快把小孩子從曾國雄上班的橫山檢查哨接走，送到附近姑姑曾月娥家安頓。曾國雄則在山上疏散居民，隔不到半小時，檢查哨後面的山整座崩塌下來，曾國雄和所長張聖堂、警員孫智華三人撤退不及同時殉職。

回到檢查哨、已成一片廢墟，妻子秋美玉（左）母親曾玉英（中）姑姑曾月娥（右）三人凝視不同地方希望曾國雄能奇蹟般的出現。

身著原住民傳統服飾的曾國雄（後排右三）與一起受訓的同仁合影。

時隔一年，和曾國雄的母親、姐姐、哥哥和秋美玉，再回罹難現場，現場已成一片廢墟，人事全非。

新竹縣警察局橫山分局清泉派出所所長周錦貴，轉述村民當時目睹的情況，他說，「山要崩塌下來之前，檢查哨前面的水泥橋，『卡啦卡啦』

震動的很厲害，接著橋陷了下去，整座山的土石從後面滑下來，由下往上，把檢查哨掏空抬了起來，然後打到另一邊的牆壁，大量泥土和石頭覆蓋了檢查哨，前後不到一分鐘的時間。」

周錦貴說的傳神，在旁的人聽他重述，卻是另有一番驚心動魄感觸，秋美玉聽不下去，悄悄的站到旁邊，望著遠方出神。

被疏散的村民向秋美玉說，曾國雄當時開著車，護送一對新婚的夫妻離開，他本來可以逃離的，但卻因轉回去接所長張聖堂和同事孫智華，三人因而同時罹難。

曾彥哲（右）和曾彥汝，都知道爸爸可能被活埋，還安慰母親，怕她傷心。

曾國雄的大兒子曾彥哲和女兒曾彥汝，從檢查哨被接到姑姑住處，和檢查哨相距只有幾百公尺。曾彥哲說，「我親眼看著山塌下來，把爸爸在的檢查哨壓毀，那時一股想哭的感覺在我心中，我知道爸爸可能被活埋了。我和妹妹隔天還爬到山堆上哭著找爸爸，但什麼也看不到，我和妹妹彼此安慰提醒，千萬不能向祖母和媽媽說，免得她們傷心難過。」

「我最痛的就是孩子當天在現場，」秋美玉哭著說。小孩親眼看到了當天發生的一切，卻還要安慰我說，「放心，爸爸一定很安全。」我心裡也

天主精神上的引導與羅星妹師姐心中的大愛，讓秋美玉勇敢的站起來面對未來的人生。

想，國雄身手那麼敏捷，那麼聰明，應該會逃過一劫的。但事後想起孩子小小的心靈承受這麼多，卻還回過頭來安慰我。每想一次我就痛徹心扉，淚流不止。

曾國雄的母親曾玉英，今年已七十九歲，她一邊拭淚一邊用泰雅

母親曾玉英常一個人拄著拐杖，獨自上山，坐在石頭上等兒子出現。

族的土話說，「出事後，我第一次到山上找國雄，帶了一把鐮刀，繫在腰間，我想如果找不到兒子，就在山上自殺，跟他一起走算了。但不知怎麼刀子不見了，怎麼找也找不著，我知道，是孩子不要我跟著他走。」

曾敏雄（左）曾月娥（右）常陪著心痛的母親曾玉英（中）重返事故現場。

當時發生事故的檢查哨所現場，復建工程仍進行中。

曾彥平（右）曾睿昕（左）兩兄弟酷愛打籃球流露出稚氣的笑容。

曾國雄的哥哥曾敏雄說，「救難人員翻遍了整山，工作了近七十天，就是找不到一塊弟弟的屍骸，我們都想他是怕母親看到傷心難過，所以一直不願現身。」

曾國雄的母親和太太，在他失蹤後，因思念太深，常常夢到國雄回來。曾玉英說，「我夢到兒子全身是土髒兮兮的回來，我要他換衣服，他卻說，換也沒用，因爲身體都變黑了。」國雄生前最愛吃水餃，秋美玉也多次夢到丈夫回家向她要水餃吃，她高興的追夢而起，想給丈夫下水餃，醒來知是夢，不勝悲！

秋美玉說，「事情發生後，小孩子好像一夜都長大了。大家都刻意不提這件事，都怕觸動彼此的心弦。我想丈夫的時候，就一個人偷偷的躲在房間哭，怕孩子看到。」

排行老三，今年讀小學的曾彥平，是學校的籃球校隊，打起球來身手矯捷、刁鑽，但私底下卻又沈默。他說，「爸爸出事的那段時間，媽媽常一個人躲在房間哭，有時好像在打電話給爸爸的同事，邊說邊哭，但我從來不敢說，也不敢說我看到過。」

我問曾彥平想爸爸的時候，會

老三曾彥平最能體會母親心中對父親的思念。

全家聚在一起吃晚餐，即使是便當，也是母親秋美玉心中是最快樂的時刻。

不會跟媽媽說，他說，「不會，」問他爲什麼？他說，「就是不想講啊！」說完，頭又低了下來。

坐在社區籃球場的臺階上，曾彥平還一直念著父親生前，帶他們來這裡打球，帶他們去海邊釣魚。問他什麼時候最想爸爸，他低著頭小聲的說，「有時候打籃球會，還有寂寞的時候，就是一個人走路，一個人在家的時候。」聽了眞叫人心折。

才讀小學一年級的曾睿昕，是家中老么，對爸爸的不在，他似懂非懂，和他說話，他一個正經話也不談，好像有意逃避。只是叫嚷頑皮的說，「我將來要和爸爸一樣，當警察，抓人。」然後拍著籃球，活蹦亂跳去了。

讀國中一年級的曾彥汝，眼睛大大的，長的很漂亮，有著一般同年齡女孩的青春氣息。慈濟的師姐羅星妹說，彥汝很懂事，放學回到家會幫媽媽做家事，常忙到很晚才去睡覺。

從學校回到家門口，她知道採訪的我們在裡面等她回來，壓根兒

秋美玉常回家幫母親家分擔農事。

也不想進來，然後又匆匆上樓。在媽媽勸解下，她才和我們說話。但她就是堅持不坐下接受訪問，只願意站著。她說，「回想父親的遇難，是很痛苦的回憶，我不記得了。」但從她臉部的表情看出，她是不願去想。

曾彥汝說，「我也自私的想過父親爲什麼要去救人，放下我們不管。慢慢的我想通了，對爸爸來說，工作很重要，他救了別人，卻犧牲了自己，我沒有怨恨。」曾彥汝笑笑的說。但在旁邊聽的人看了心裡卻很難過，她是在掩飾內心的那份淒楚，她不想讓外人看到她難過的樣子。

她接著說，「父親的事讓我成長很多。」問她，這樣的代價會不會太大了，她說，「會有一點，但還是要接受。」

如何和家人共同面對未來的日子呢？她想了一下說，「平安吧，平安是一定的喔！如果說再失去一個親人，那我會覺得很傷心」，「我也要好好學鋼琴，這是爸爸生前對我最大的期望。」說完，即靜默不語。

我在想，面對生命，人生常有無言以對的時候。

聆聽曾國雄留下的四個孩子，談失去父親的心情，對父親的印象，讓人感受到那份深深的哀戚。

看著他們小小年紀，卻個個如此堅強厚重，用不同的面貌和聲音，訴說對父親的思念，卻又用力的在家人面前，強忍隱藏著父親已不在人間的傷痛和事實，而不互相觸碰並保護彼此，眞叫人不忍。但也讓我浸潤在最有啓發性的人性互動中。

我內心期待，他們終將因苦難而成長，而變得落落大方。並在應對進退之中，顯露出堅毅向上的精神，並保有那份理想的教養，和快樂的未來。

秋美玉說，「四個孩子就是我的希望。我不能倒，孩子還是要媽媽，我不能每次都讓他們看到我難過的樣子，我會很堅強的站起來，並勇敢的活下去。」曾國雄遺體未被尋獲，目前被判定爲失蹤，無法領撫卹金。但他們的家人，都希望，有一天，他們的父親曾國雄，會突然的出現在家門口，跟他們說，「我回來了。」讓他們叫一聲，「爸爸」。

曾國雄未失蹤前，最喜歡帶著一家大小一起出遊。

採訪後記

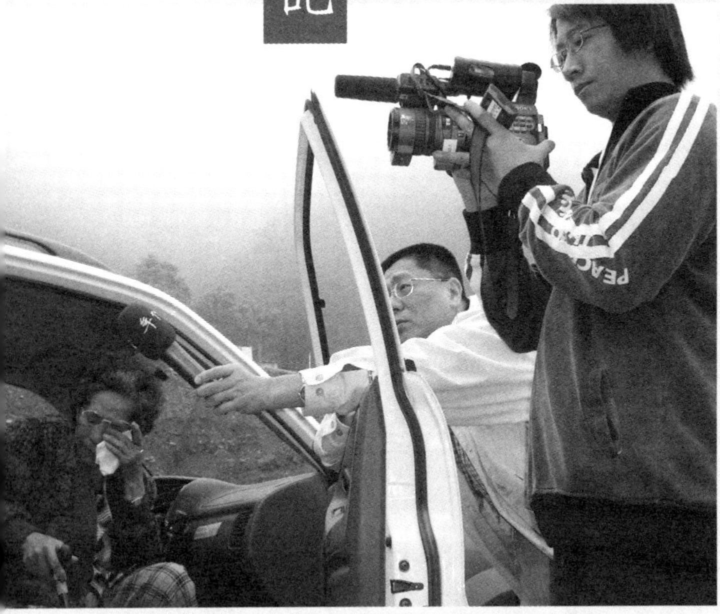

老大曾彥哲皮夾裡放了和父親曾國雄的合照。當他知道，媽媽秋美玉將他這份私密告訴我們時，輕狠的看了母親一眼。我馬上後悔了，為什麼要說出這份私密。

對一個自我期許，要照顧起一家人，倔強、自尊，又有點叛逆年齡的國中二年級大男生來說。他的那一眼，是不願意外人窺破，他對父親的思念。

而當一家人壓抑著什麼都不說的時候，那一方格照片，對他來說，也許是一種力量和信心再生的泉源，和更多的責任。

離開曾家，我心裡想著，我採訪的故事結束了。但對他們來說，一切都剛開始，甚至還沒有開始。我腦中總是浮著那四位孩子的臉和說過的話。

這帽子在等著主人回來。

攝影【筆記】

秋美玉，是一個傳統靦腆的原住民家庭主婦。雖遭逢失親的巨變，在面對鏡頭或是訪問時，情緒上的激越，不是那麼的強烈。觀景框內，她是那麼的平靜，但又很自然的流露出，對生命的傷感與期盼。

回到當時發生事件的現場，曾國雄七十八歲的母親，默默坐在石頭上，雲霧蒼茫間，好像帶她回到過去的時光隧道，一切不幸的事情好像都沒有發生。

家中小孩的內斂和含蓄，可感覺出他們對父親的愛是那麼的濃烈。秋美玉將丈夫的遺物收起來，以前的照片也擺到最高置物櫃中。不是，不去想，而是他們仍抱著一絲希望，他們敬愛的父親，或許有一天會回家團聚。

〔曾國雄失蹤一年來，一直未尋獲，目前仍列為失蹤人口〕

心疼與不捨

佛教慈濟基金會
羅星妹、林文輝

與秋美玉的認識，要追溯自九十三年八月二十五日艾利颱風的來襲，重創新竹縣五峰、尖石兩鄉說起。

八月二十六日一早從花蓮回到新竹已近中午，八月二十七日一早師姐紛紛打電話通知我，早上六時到新竹縣政府大門口支援關懷。到達新竹縣政府門口，空警隊直昇機已從山上載運災民下來。

在接引災民至縣府禮堂暫作安置，從災民口中得知山上受災相當嚴重，當時有一位長者災民告知：「土場整座山場下來，說檢查哨也不見了。」當時情況不甚明朗，所以請師姊幫忙安撫災民。

之後，接到電話告知說，北區慈警會莊文堅、楊麒麟、陳勗脩師兄、翁千惠師姐等，要到橫山關懷出事員警眷屬。我們就到竹北交流道與北區慈警會的師兄師姐會合後，一起到橫山分局先去關懷所長張聖堂（妻邱寶玉、及其一男二女皆已成年），然後轉往副所長曾國雄家（妻秋美玉及其三子一女、均國中小階段），再去警員孫智華（妻呂巧琳、暫住媽媽家沒有小孩）等眷屬慰問。

在關懷中發現，曾國雄的小孩年紀又小，所以非常心疼與不捨，九月九日我們二人，又再次前往秋美玉家關懷，並鼓勵孩子要聽媽媽的話及認眞讀書，孩子看見師伯師姑來訪也非常高興。

九月十二日我們再陪同，北區慈警會陳昺脩師兄、翁千惠師姐及內政部警政署督察室組長林進元，前往各員警家屬家中關懷及致贈慰問金，並帶領點燈與祈福，希望藉以撫平不安的情緒。

而會一直想與秋美玉互動，是因美玉告訴我們說，自從認識國雄到結婚十幾年當中，國雄非常孝順媽媽。國雄是她心目中的好先生，是孩子心目中的好爸爸，對家庭的負責與盡心，所有家事都由國雄打點，美玉與孩子都非常依賴國雄。

當災難傳來的時候，美玉無法接受，國雄的媽媽心疼到傷心住院，國雄大姐、美玉媽媽、弟弟等都暫住在美玉家，頓時變成一個大家庭陷入愁雲當中。美玉頓失依靠與支柱，非常難過與不捨，孩子也非常貼心知道媽媽難過，都盡量不提爸爸的事。

在同事的眼裡曾國雄是一位負責盡職的好伙伴，與國雄同事過的同仁都說，「這麼好的人爲什麼不長命。」而因心疼不捨美玉，就會常想和美玉與孩子電話聊天，或到家裡拜訪。

希望美玉早日走出傷痛，希望美玉與孩子能早日恢復往日的快樂。希望慈濟人是她們的精神後盾與心靈資糧。祝福國雄在天之靈保祐一家人，同時也希望美玉能帶孩子做資源回收，化小愛爲大愛，願祝福美玉一家人，平安快樂吉祥！

呂進全

孩子快站起來吧！

英勇事蹟

呂進全和同事執勤返回派出所途中，被兩名預謀搶警槍的歹徒駕車自後衝撞，持改造的槍枝槍擊呂進全頭部，致成植物人。

遇襲時間：86．01．26

原服務單位：台北縣警察局
板橋分局後埔派出所警員

遇襲時年齡：25歲

遺眷：呂錦漳（父親）
呂林絅（母親）

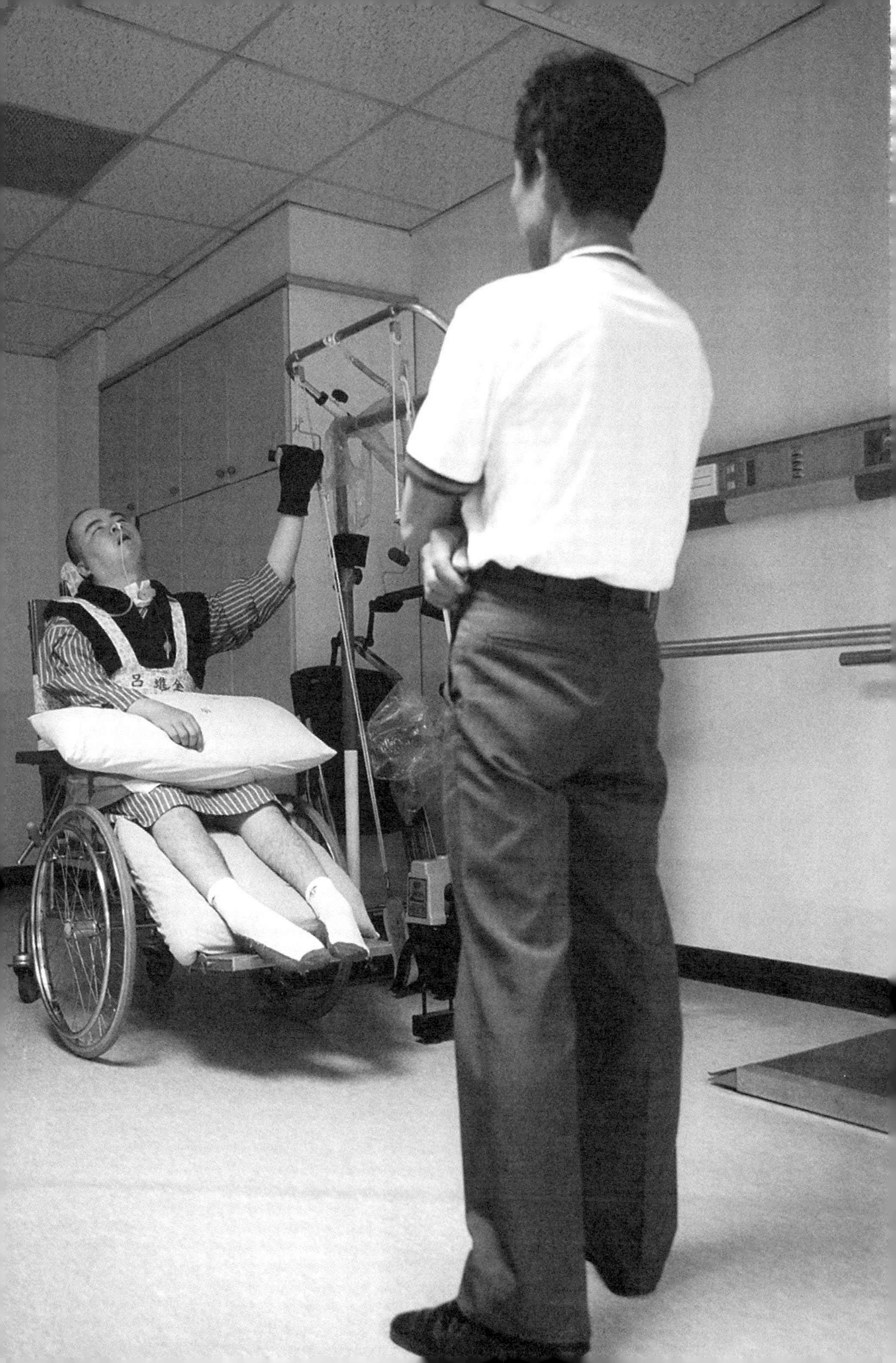

呂進全父親

呂錦漳

我只要照顧好他的身體，
說不定那一天上帝憐憫他時，
他會突然的醒了過來。

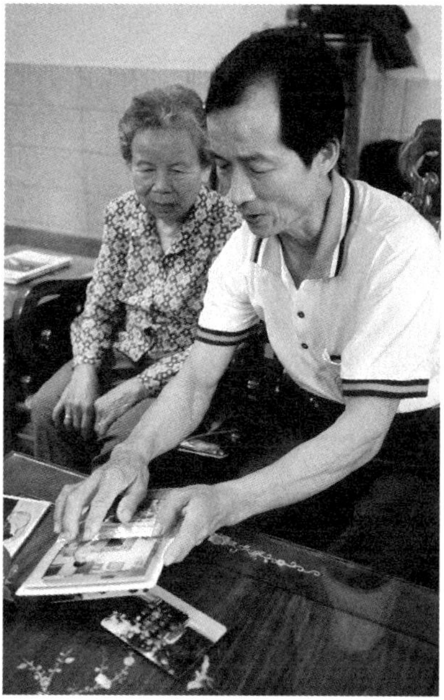

父親呂錦漳（右）與祖母呂蕭豆（左）看著呂進全成長過程的照片，感嘆為何會遇到這件事。

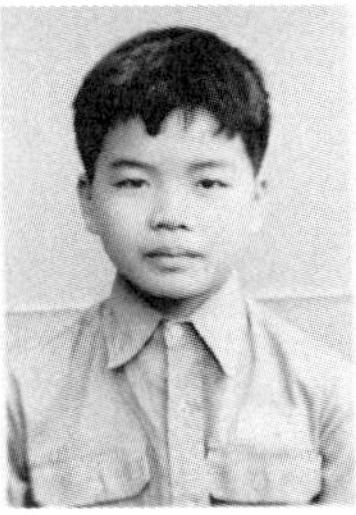

三代同堂在古厝前合影，（右一）為呂進全（左一起）是哥哥呂進賢，父親呂錦漳母親林綢及祖父母，後為呂進全姊姊。

呂進全小學時的可愛模樣。

在呂進全嘉義竹崎鄉老家，看他成長時期的各階段照片，天眞活潑又可愛。呂進全的祖母呂蕭立，邊看邊感嘆，「這麼乖的小孩子，爲什麼會遇到這件事。」

呂進全雖已成植物人，在醫院病床上待了八年半，但他們一家人非常堅強，超乎外人想像。八年半的艱苦、磨難，已塑造出他們全家面對事情的不屈不撓和強健精神。

呂進全的父親呂錦漳務農，雖然目前警方一個月支付十萬元傷殘基金，做為照顧呂進全的費用，但呂錦漳多年來，仍是自己栽育國蘭，銷往韓國，種些葡萄柚和柳丁水果維持家中的生計。

呂進全的哥哥呂進賢在弟弟出事後，回老家協助父親，但呂錦漳自己還是從早做到晚，還有二位罹肝疾的年邁父母要照料。呂進全的母親呂林綢，也是全力配合先生，從早忙到晚。

呂進全當年進警校是父親的建議和鼓勵，呂錦漳說，「阿全是一個很好的青年，即使阿全今天變成這樣，我也沒有後悔，只能說他運氣不好，碰到這件事。所以更不可以歸疚於阿全應

呂錦漳多年來栽培國蘭維持家中生計。

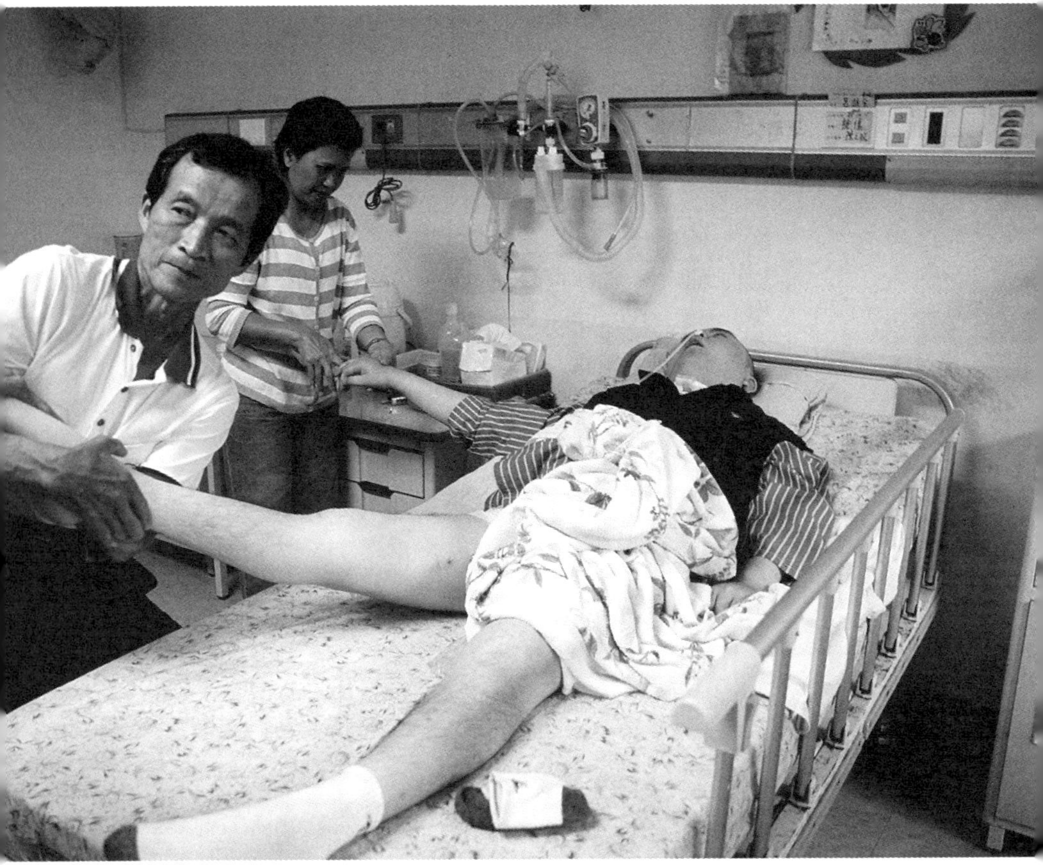

父親呂錦漳八年半來為兒子做復健，體重掉了十公斤。

呂進全的病歷上清楚寫著槍傷。

受這種折磨，阿全也無法抗拒啊！」言談中，充滿了濃濃的宿命味。

呂錦漳說，「這麼多年來，很多人問我，有沒有想要放棄過阿全。」我說，「沒有，完全沒有，我知道這條路很難走，但走一步，算一步，路還沒有走到盡頭，阿全還能喘氣，我要給他一個機會，也抱著很大的信心，我只要照顧好他的身體，說不定那一天上帝憐憫他時，他會突然的醒了過來。」呂錦漳說這段話時，語眞意切，那種堅定的愛子之心和信心，叫人斷腸，讓人看到一位父親偉大的

童年時的呂進全（前排一）與堂兄妹在古厝前的大樹上嬉戲。當時進全的身材就比同年級的小孩高大。

光輝。

事實上，也是這份「認命」，讓呂錦漳能承受這麼多，八年半來，寂寞又孤單的一路走下去，無怨又無悔。

呂錦漳對事情認知的正向，令人尊敬和學習，他說，「每一樣工作和遭遇，都是一個經驗，都需要付出心血。人踏出社會，吃一歲，長一歲，你若沒有經過那個磨練，你會受限在那個框框，人家若是要幫忙你，也會觀察你自己是如何做的。」呂錦漳就是靠著這份認知，一路走來。

榮總的一名醫師曾對呂錦漳說，「你並不是來探望你兒子，

就讀警校後在陸戰隊受訓時的軍裝照。

而是來照顧他。」在整個訪談中，我想這句話，是呂錦漳唯一自豪和安慰的地方。也因這份精神，台北榮總曾爲他開了一個特例，如果呂進全緊急情況，送進加護病房，呂錦漳可以二十四小時，不受限制進入病房照料兒子。

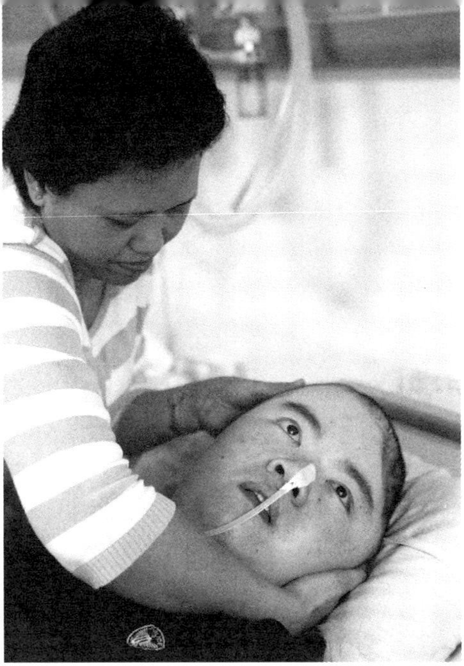

外籍看護阿珍三年來細心照顧，呂進全知道阿珍要回印尼，還流下眼淚。。

八年半前，呂進全和同事執勤返回派出所途中，被兩名預謀搶警槍的歹徒駕車自後衝撞，呂進全和同事共騎警用機車，二人被撞倒在地上，歹徒上來搶呂進全的警槍，呂進全雖被撞成重傷，仍用魁梧的身軀死命護槍，抱著不放，歹徒見不能得逞，持改造的槍枝往呂進全頭部開了下去，把警槍搶走。

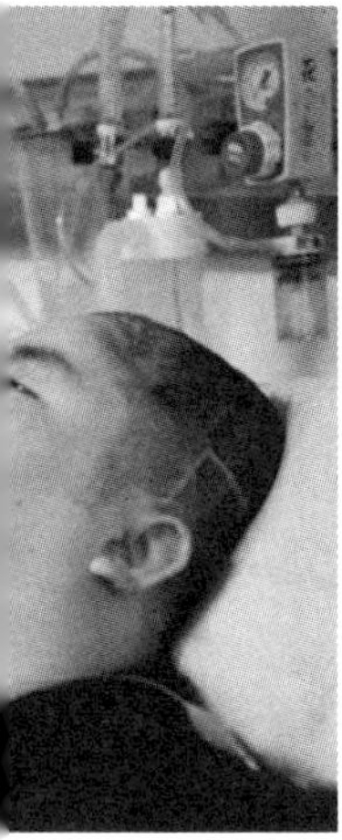

子彈從呂進全的左邊太陽穴進入，貫穿整個腦部，又折回卡在中樞神經。呂進全在榮總接受十二次腦部手術，命雖撿回來，但已被判定爲植物人。

在嘉義榮民總醫院看到躺在病床上的呂進全，他左側的頭蓋骨整片凹了下去，頭部密密麻麻縫了長長的線，互相交錯，一看就知道，他吃了無數的苦，才保住今天的一絲氣息。

呂錦漳說，「因子彈剛好卡在頭部神經上，手術相當困難，阿全頭部共開了十二次刀，爲了延續阿全的命，長期注射抗生素，所以子彈取

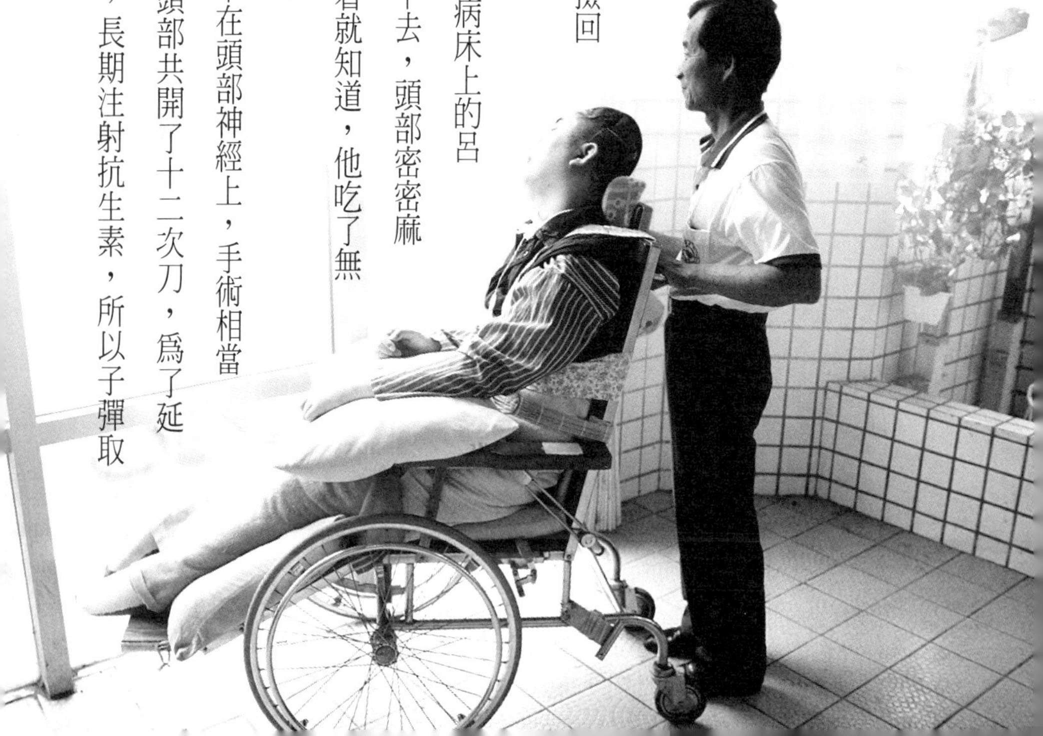

慈濟劉美津師姐（左起）周好用笑容和言語喚醒呂進全的意識。

出後，都被強烈藥性浸蝕的微微變形，我們看了都嚇呆了。」呂錦漳曾經想保存這顆子彈，但警方認爲是重要的證物，子彈未交給他，目前存放在刑事警察局鑑識科。

照料呂進全二年多的嘉義榮總醫師王博瀚說，「腦傷最大的後遺症和傷害，是認知功能的喪失，當初進全被槍傷太嚴重，子彈整個貫穿過去，腦部的三分之一都受了傷。」

談到呂錦漳爲兒子所做的一切，王博瀚說，「呂先生對兒子的照料，已超乎一般人的想像和所能做的。我在醫院這麼久，感受很深，這是很多人做不到的事，但他卻做到了。」

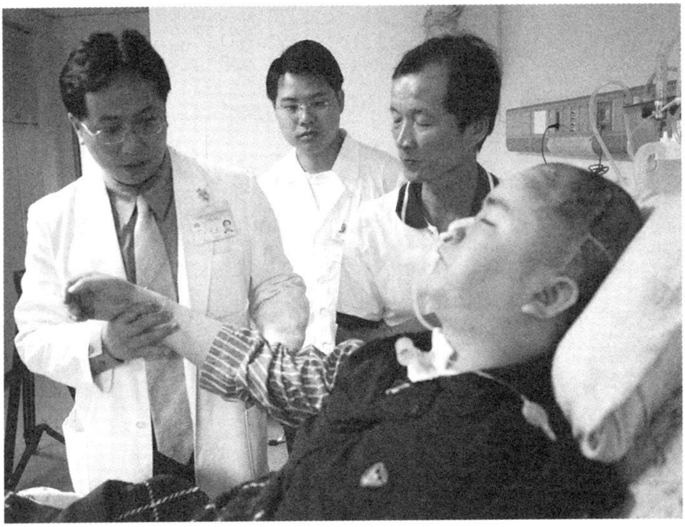

嘉義榮總醫師王博瀚（左）說呂錦漳（右）對兒子的照顧超乎一般人的想像。

「他聘請外籍看護一個月三萬元，全心照料進全，自己也幾乎是每晚到醫院，爲兒子做復建。這份精神院內人員都動容，也早已成爲醫院流傳的動人故事。他也捐錢給醫院，自己做志工，化小愛爲大愛。」

八年半來，呂錦漳幾乎每天到醫院爲兒子做復建。在醫院時，他拉起兒子的褲管，對我們說，「你看，阿全的皮膚細嫩，膚色比小姐還白皙，我每天用最好的嬰兒油幫他擦身體，他身上一個褥瘡也沒有。」對呂進全的照料，他非常的自豪。

印尼看護阿珍用容器餵食完果汁，並沒有馬上讓呂進全躺下來休息，旁邊的人怕他坐太久會難過。呂錦漳卻說，「剛喝完東西不能馬上躺下，這對阿全的身體不好。阿全無法動，我在選擇食物上，也很注意，怕一些太油膩的東西，對他的器官會有影響，所以都特別小心。」呂錦漳很認眞的說每一個字，每一句話。

身高一百八十公分高，體型巨大，呂進全坐的輪椅也不是一般的輪椅，呂錦漳爲了能移動自如，減輕照顧

瘦小身軀的呂錦漳、卻有硬挺的毅力。

人的負擔，訂製了用鋼架做支撐的支架，用藤椅做椅墊的輪椅。還請太太自製堅硬的粗布條，做移動阿全輔助的背袋。榮總覺得好用，學了過去，並自製來販售。

呂錦漳說，「阿全還是有感應的，照顧他三年的看護阿珍，要回印尼去了，我們在耳邊告訴他，阿全的眼淚，從眼角慢慢的滑落，你說，他還是有感情的，有生命的，我怎麼捨得放棄他。」

對呂錦漳來說，最痛苦的時候已經過去。那是事情發生二年後，呂進全接到警政署以二年公傷假期滿，需強迫資遣的人事令，先前呂進全受傷住院期間，每月還可以領到二萬多的半薪，被命令資遣後，每月只有九千多元可領。

呂錦漳說，事情發生後，內政部長林豐正和警政署長姚高橋都前來探視，並信誓旦旦的說要給他們照料，但二年後，卻把呂進全資遣。呂錦漳說，「那時我很寒心，我確定將無路可走，但還是硬挺艱苦的走了過來。現在我最擔心的是，自己年紀愈來大，不知還有多少時間能照顧兒子。」

他說，前警政署長丁原進時，成立了照顧傷殘員警基金會，呂進全才開始有每個月十萬元的補助。經過這麼多年了，今年四月，才在內政部長蘇嘉全和警政署長謝銀黨的努力下，共同推動修法完成，「警察人員執行勤務遭受暴力或意外危害致全殘廢或半殘廢照護辦法」，讓因公受傷的家屬較無後顧之憂。

到了復建時間，呂錦漳

呂錦漳的農場內種著各類水果，由於他的堅持果實結的又圓又大。

推著輪椅上的兒子，到三樓角落的復建室吃力的做復建。看著呂錦漳小小身軀，卻硬挺脊樑的背影，才感受到他十公斤體重的滑落，並非是在一夕之間。

呂錦漳推著輪椅出復建室。下午的醫院安靜的令人屏息，呂錦漳推著兒子輪椅的背影，灑在透進的陽光下，從長廊後面看過去，拉得很長，更顯得孤單和寂寞。呂錦漳將輪椅緩緩的停在三樓大廳的落地窗邊，眼神望向遠方青翠的山林。不知他的思緒，又落在那裡。輪椅上的呂進全仍兀自垂著頭，等待上帝的恩典和奇蹟的出現。

我只要照顧好他的身體，
說不定那一天上帝憐憫他時，
他會突然的醒了過來。

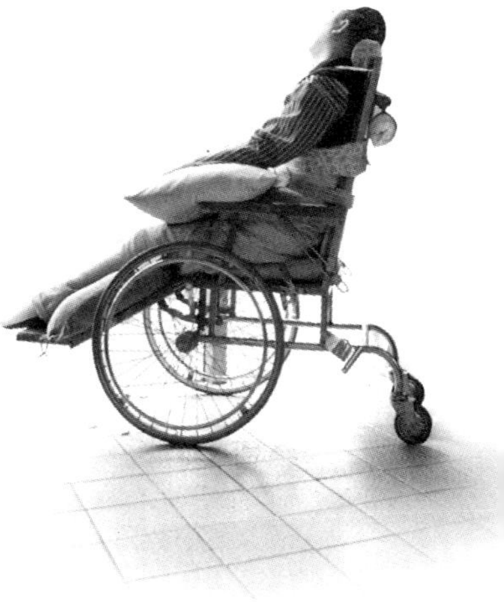

採訪後記

呂進全的父親，談起八年半年來照顧兒子經過，表現的平靜讓我訝異，好像一切都在他的掌握中進行，無波無浪。

他沒有怨嘆，更沒有一滴眼淚。那對寂寂卻不動如山的眼神，流露的堅

毅和堅定，讓我體會到很多事，唯有自助者，才能得道多助。

用全部的愛心，用最好的一切，照顧心中摯愛之子。呂錦漳做的也許只是最平凡的事，但我也相信，他做的是最不平凡之事。

臨走前，我握著呂進全的手向他道別，要他保重。他卻好像突然醒了過來一樣，拼命的要睜開眼睛，眼皮拼命的往上拉，對著我看和眨。那一刻，我看到了八年半來，兒子給父親不放棄和滋生的力量來源。

生命何其貴重，人生何其端莊。呂錦漳、呂進全的父子故事，讓我體會到，我們都不該隨意放棄生命，並該認真嚴肅的尊重對待他。

攝影【筆記】

　　雨後的早晨，見到了呂進全的父親呂錦漳，瘦小的身軀但有著堅毅個性。務農的呂父，很自然的帶著我們參觀他的農場，一邊敘述著兒子呂進全的身體情況。鏡頭一路拍下來，看到呂父對成長中萬物付出的愛。

　　下午來到醫院，看著呂父推著兒子，站在落地窗前默默的凝視遠方景致，在按下快門時，突然感覺到眼光中有點模糊。

　　晚上再整理照片，發現每格畫面中的人物，已沒有悲傷的表情，只有對生命的關愛。

有願就有力

佛教慈濟基金會
周好　劉美津　郭黃美玉

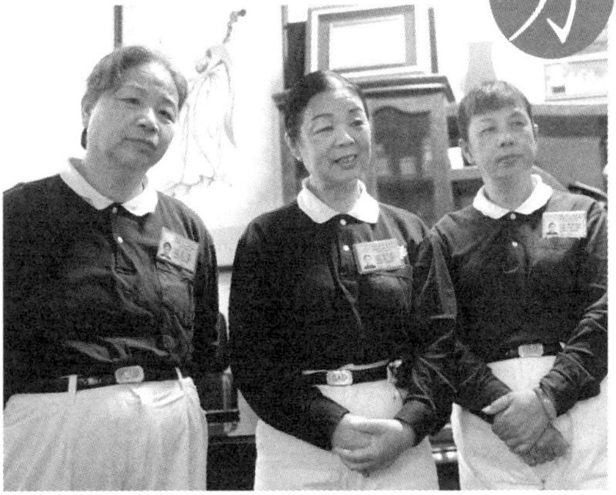

接到服務於警政署的莊文堅師兄電話，希望我們就近關懷一位住在嘉義縣竹崎鄉灣橋村榮民醫院護理之家，因執勤巡邏遭歹徒槍傷的員警呂進全先生。當我們進到病房看見一位身軀魁梧，正值青春年華的好青年，在為社會鄉親奉獻服務執勤之際，慘遭歹徒如此的傷害，造成不醒人事的植物人，真讓我們心疼與不捨。

呂父憶及八十六年一月二十六日凌晨四時，接到進全的同事來電，心中不禁寒慄，自覺情況不妙，大概是兒子進全出事了吧！果然被他料到，對方即說進全被歹徒槍擊，子彈貫穿左腦，陷入重度昏迷，昏迷指數只剩3，請家屬快來，因生命就在旦夕間。

當時呂父非常的冷靜，並請對方先去聯絡，在台北榮總任職護理工作的二女兒翠萍，就在翠萍了解狀況後，即由榮總心臟外科主任醫師，決定從亞東醫院火速轉送榮總醫院進行手術搶救，主任醫師並告知呂父，雖然安排手術搶救，但是生命仍處危急狀況，並會有後遺症即是植物人之慮，將來要走的路會是相當的艱辛。

在榮總進行腦部手術共達十二次之多，但是呂父心中及腦海中仍充滿著無比的毅力、耐力和韌性的認爲：「我的兒子是一位乖巧負責、健康有爲的的好青年，無論如何，我都一定會陪他勇敢的活下去，若有一天父母都走了，相信進全的兄姊也會陪伴他走下去，所以不能放棄任何的醫療。」

呂父很感激警政署推動因公殉職、因公重殘員警的永續關懷服務，同時呂父也給予以下幾點建議：

（一）當員警因執勤而發生事故時，能在第一時間即時通知家屬，讓家屬參與急救之時效。

（二）因公受傷的員警能送往設備較俱全的醫院急救，或有警政專屬之醫療機構就醫。

（三）員警發生重大事故時，能有專人專案處理。

（四）家屬在申請文件或所需要的資源時，希望能從旁給予最大的協助。

（五）家屬有意願照顧重殘之員警時，能視病況給予補助。

在我們關懷員警呂進全時，看到呂父弱小之身軀爲一百八十多公分的愛子作全身推拿按摩，眞讓我們感覺到呂父的慈愛及護子之心，不禁流下感動的淚水，讚賞他的毅力、愛心與耐心。

呂父說：「照顧進全我無怨無悔，一個懷胎十月的婦女，即使產下一位弱智的孩子，都不願意放棄他的生命，更何況我的愛子是那麼的乖巧、負責任的好孩子，雖然現在尙不能自有意識，但我相信他仍是有意識存在，那我怎麼能放棄他，讓他沒有呼吸的機會呢？」

勇於承擔，絕不後悔，勇敢面對眼前的一切。在呂父的身上，我們可以看到他以身作則，帶領著家人從悲傷或怨懟中走出。對呂父那份不辭辛勞，堅強屹立不搖的精神敬佩萬分。

我們建議呂父若有機會，可以在社區或醫療機構做心得分享，讓社會大眾了解，尊重生命的意義及面對事情有著承擔的勇氣，同時能讓呂父這顆「善」的種子，在社區或醫療機構中散播。我們祝福他有願即有力。

英勇事蹟

走出巨變迎向陽光

在警察機械修理廠手槍試射房測試警槍彈道，不慎引起氣爆，造成王富華、謝孟儒、蔡國居三名員警和一名技正林士佑死亡。

王富華

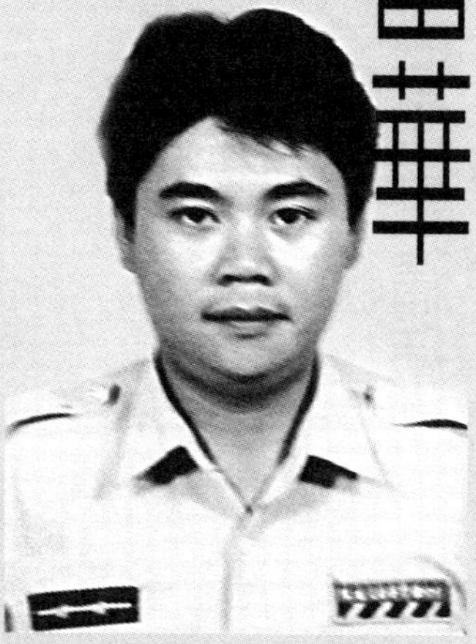

殉職時間：87．01．07

服務單位：台北縣警察局交通隊警員

追贈：巡佐

殉職時年齡：29歲

遺眷：林芷羽（妻），王語祺（長子）、王鐿蓁（長女）、王譯萱（次女）

王富華遺孀

林芷羽

在殯儀館守靈，

有一隻黃色蝴蝶，飛到我的手背上。

我說，如果你是我們家老公，在這邊休息吧！

這隻蝴蝶整整在我手背上停了一晚。

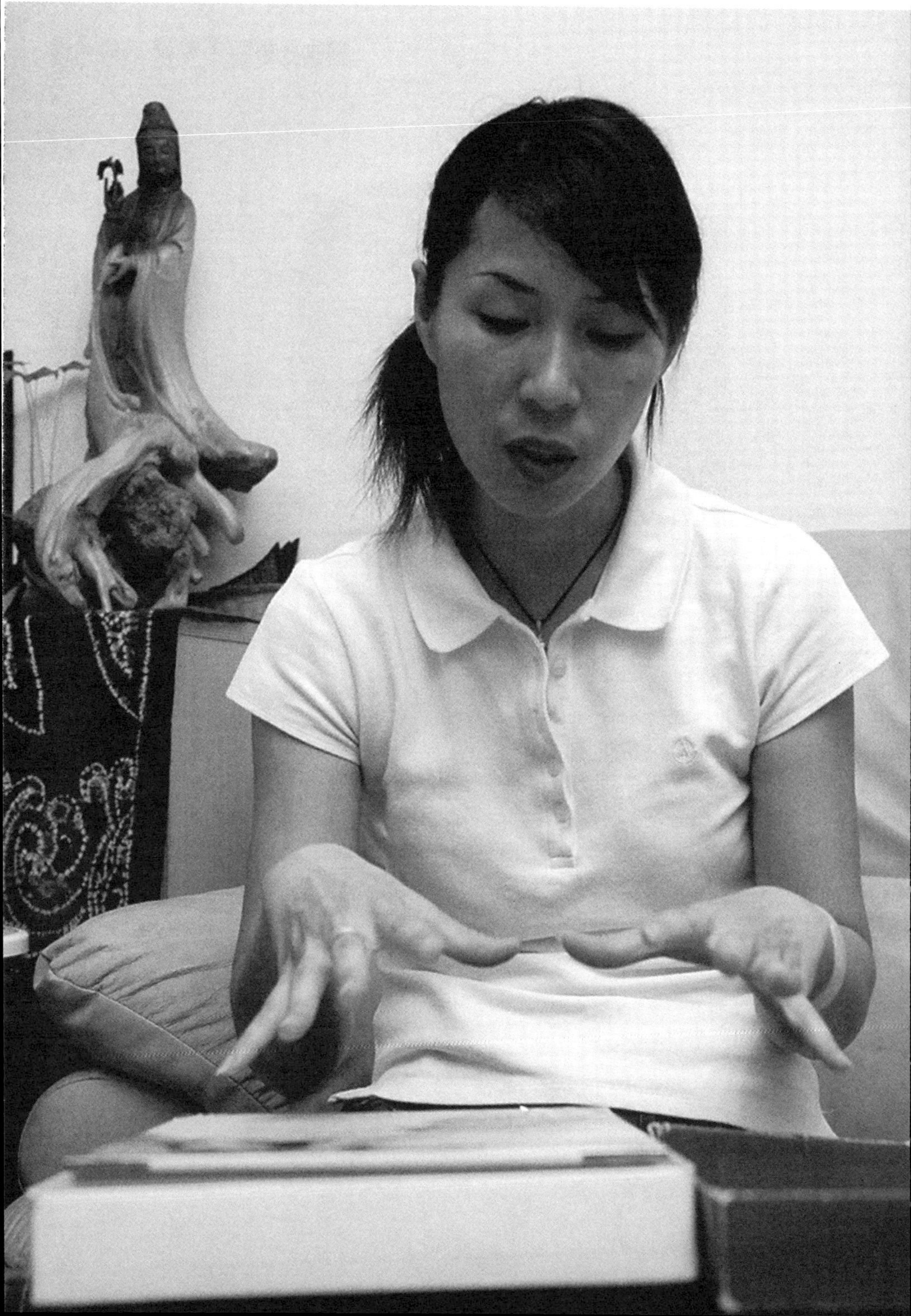

當年王富華發生意外時林芷羽才二十六歲，她說那段日子要不是為了小孩，語祺（右）、鐿蓁（左）不知道怎麼撐下去。

王富華在台北縣蘆洲的家，和多數殉職員警家庭一樣。一進門，就看見他生前戴的警帽，被靜靜的安置在櫃櫥的最高處。這是榮耀，也是憑弔。

每一個殉職員警的家，都是一座小型的紀念館。這裡面收集和典藏了各式悲歡離合的故事和淚水。

王富華殉職已七年半，他年輕的妻子林芷羽，把家裡大大小小，各時期的照片，和先生殉職時，各媒體所刊登的新聞剪下護貝，小心翼翼按照日期，黏貼排序的很整齊。最特別的是，每一個封面都是他們夫妻的結婚照，讓我感受到活著的人，對逝去親人的哀悼，是永遠的……

和多數殉職遺眷不同的是，林芷羽已經能用欣賞的眼光，和態度去面對一切。並用愉悅的心情，去回憶過去的甜蜜，這是很多殉職員警的眷屬很難做到的。

林芷羽說，「剛發生事情時日子眞的很難捱，很苦，苦到我會罵老天爺。我說老天爺，你對我很不公平。」

她回憶事件發生的當天，「我在公司上班，那天人一直很不舒服，就去蹲廁所。同事接到電話，一直叫我，快出來。我接過電話，先生交通隊的同事說，大嫂你可不可以來交通隊。我問什麼事？對方說，只是有一個小差錯。他的語氣很怪，我當時就覺得不對勁。以前王富華殉職時身上帶的皮夾裡面的健保卡、駕照、信用卡、夫妻合照的照片完好如初。

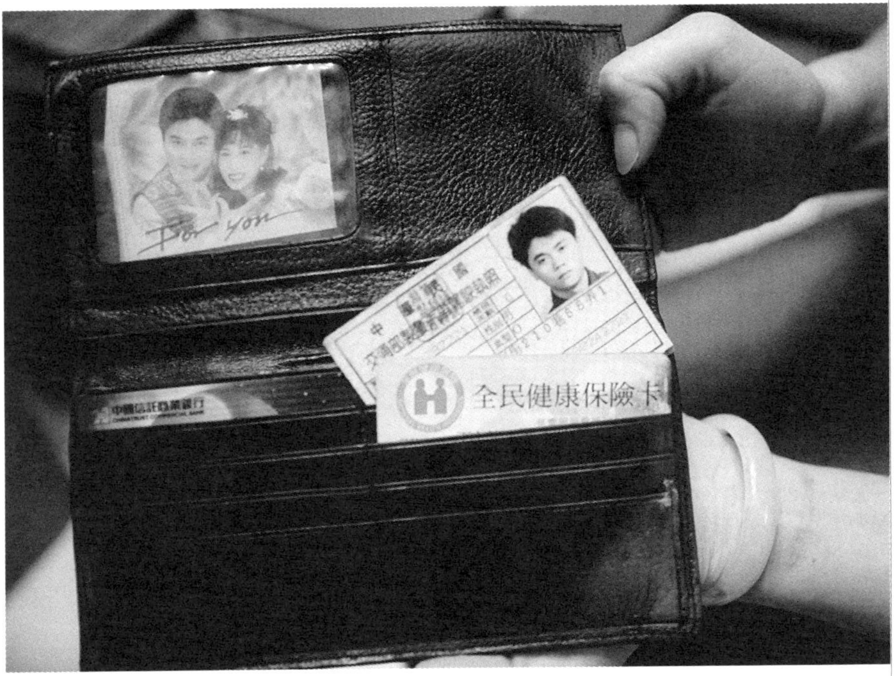

先生同事打電話來，都是大嫂長，大嫂短，很高興的，那天的語氣卻完全不同。」

「我坐計程車先到交通隊再到分局，隨後即接到姐姐打呼叫器給我。我回電話，她說，她很少聽收音機，但剛剛聽到廣播，警察機械修理廠發生爆炸，四人死亡，其中一名死者的姓名和我老公『王富華』一樣。姐姐問我是不是，我說，我現在人在分局，妳說是不是！」

林芷羽說，「那時警方還瞞著我們家屬，我們家屬都快瘋了。我說，你們趕快跟我們說，他們在那家醫院。趕到三軍總醫院，死者的身體都已被燒的焦黑，我還是從一具黑色皮夾，才確認出那位是我老公。」說到這裡，林芷羽臉色一下子轉成昏暗，也語帶哽咽。

林芷羽回過身，從背後一具櫃子的最底層，取出一個紅色長方形的盒子，小心翼翼的打開，壓在最下面的就是那個黑色皮夾。她輕撫著皮夾說，表面邊緣部份被烤成淺咖啡色，有些萎縮，她說，那是氣爆造成。

翻開皮夾，裡面還保有王富華生前的健保卡，機車駕照和中國信託信用卡，一切都保存的完好無缺。林芷羽在檢視丈夫這些遺物時，眼角帶淚，從側面望去晶瑩剔透。

回憶一經掀起，傷心之事也就隨之而浮沈，林芷羽說，「我母親比我先趕到醫院，看到我先生，她叫我去見他一面，我媽哭得比我還傷心。富華七孔流血，鼻子的血一直流，我叫他不要流了，也不要哭。」

我對著已被燒焦的老公遺體說，「我知道你捨不得我們。但你要留點體力，走完下面的路。你哭盡了、流乾了，就沒有辦法走那一段路。」林芷羽說不下去了，現場一陣靜默，慈濟的年桂師姐為她遞上紙巾。

提到丈夫當天殉職的情形，林芷羽說，那天眞的很怪，上午九點多發生的事，照理說，到下午血應該凝固了。但一直到下午四點多，要將王富華從三軍總醫院移到殯儀館，王富華的血都還一直在流，連葬儀社的人都覺得不可思議。

林芷羽越說越傳神，在場的人都屏息凝聽。她說，「隔天我們四位死者家屬，在殯儀館守靈。傍晚時分，突然有一隻黃色蝴蝶，先飛到蔡國居太太身上。他太太說，如果你是國居，請停著不要走，但蝴蝶隨即飛到我的手背上。我說，如果你是我們家老公，就停在我的手上，在這邊休息吧！」

王富華曾任職於蘆洲市交通隊，在辦公室工作時的留影。

王富華服務交通隊曾破獲一起竊案，蘆洲市警友社主任陳鴻昌頒贈【功績卓越】獎牌。

「結果這隻蝴蝶晚上飛來，到早上都沒有飛走，整整在我手背上停了一晚。一直到隔天，有上級長官要來上香探望，我問它要不要靠在旁邊，蝴蝶就翩翩飛走了。」她說的眞誠，我們深信不疑，但雞皮疙瘩都起來了。

林芷羽接著說，「事情發生還不到第七天，有一天，我要回家洗澡。我在殯儀館自言自語的問老公，你要不要和我回去。」

「回家後，我打開浴室水龍頭要洗澡，原來透明的水，沒多久卻變成黑的，再又變回透明的。我心裡在想，水管生鏽也不是那顏色。當時，整個屋子的燒焦味也很重。和事情發生後，我剛拿到他皮夾時的燒焦味一模一樣。陪我回家的姐姐問我，妳在煮什麼？爲什麼燒焦味這麼重。我說，沒有，我和姐姐對望，那一刻我知道他和我回家了。」

林芷羽說，希望警政署相關單位，將每位殉職的員警相關新聞剪報製作成冊，送給家屬作為以後永遠的紀念。

林芷羽雙腿盤坐在木板地上，兩手交叉用力壓著，看得出來她很克制自己的情緒。她說，「我花了二年時間才走出來。事情發生二年間，我每天幾乎等到凌晨一點，確定他沒回來，才去睡覺。因爲以前他上班時，我就是這樣等他的。」說到這裡，她補了一句話說，「那時候眞的很痛。」

發生王富華的意外事件時，林芷羽才二十六歲，左右鄰居對著她

王富華（左）與哥哥童年時的合照。

公婆說東說西，什麼妳媳婦還年輕，可以改嫁，但死了的兒子卻不會回來了。那時王富華都還沒有出殯發喪，鄰居卻給她這種嘲諷。

公婆不明究裡，有時竟也會跟著鄰居起舞，對她冷言冷語。她和公婆也會爲了王富華的撫卹金爭吵了一段時間，她向公婆說，「不管將來如何，我保證我一定會把孩子帶好，一年後我搬出公婆家，搬來蘆洲，把孩子照顧的很好。沒多久先生的大哥發生意外往生，我也回去守靈，公婆對我的印象和觀感才慢慢恢復過來。」

她感嘆的說，「那一段日子已經夠苦了，還被自己的親人誤解，生活眞是生不如死，要不是爲了小孩子，我不知道自己當時是不是撐的下去。所以我感覺，在那個時刻，如果你周邊的親人都對妳好和關心，你也許就不會那麼難過，就能更堅強的走下去。」

王富華未殉職前，凡事林芷羽都把老公放在第一順位，凡事都以老公爲主。她說，「丈夫是我要跟一輩子的人，過去切柳丁給丈夫吃，我都會試吃，甜的放一邊，丈夫吃，不甜的放一邊，我自己吃。」林芷羽說的，讓在場的男士都想打電話要自己的老婆聽聽這段話，現場轉而一陣輕鬆。

丈夫往生後，林芷羽把心思都放在三個稚齡的小孩身上。她向小孩說，「我們是單親的家庭，不過，你們要什麼，只要跟我講，我會盡能力，儘量給你們，不會讓你們在外面比不上人家，我常和小孩子溝通，彼此也都能接受。」

今年讀國一的王語祺，不知是不喜歡說話，還是見到我們有點怕生，話很少。父親過世時，他才幼稚園大班，他說，「對爸爸我有印象，我不聽話的時候，他會打我。但我考好的時候，爸爸會幫我買電動遊戲機。」

「現在爸爸不在了，有時被媽媽罵或打的時候，我卻反而會想起爸爸，但也不敢跟媽媽說。」

王鐿蓁目前讀小學五年級，爸爸殉職時，她念幼稚園中班。坐在房間的床上，她低著頭說，「我那時問外婆，爸爸在那裡？外婆說，被馬桶沖掉了。我不相信，她才說，爸爸死掉了，去天國了。」

眼睛大大的鐿蓁，臉色轉而變的凝重，她說，「爸爸很疼我，常帶我到海邊玩水。在學校有什麼事，回去也會跟爸爸說，現在每次被同學欺負的時候，我都會想到爸爸，如果爸爸在我會跟爸爸講。」她

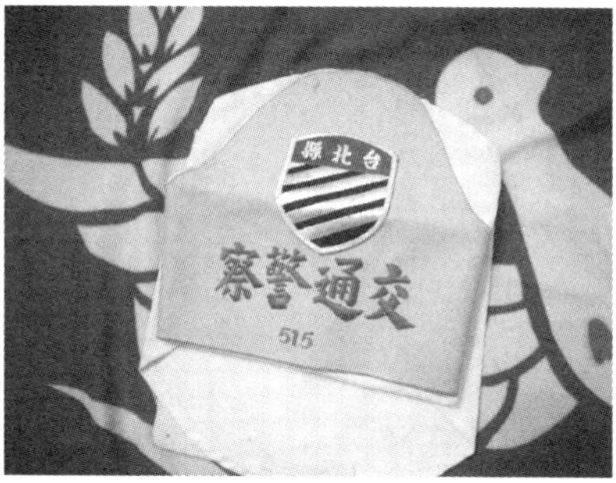

王富華任職交通隊時留下的臂章。

說話的聲音變得哽咽，眼眶含著淚，直到我們離開她房間，她才拿出紙巾拭淚。

林芷羽說，「我是真的走出來了，你不走出來，小孩子也會看。你每天一張臉很憂愁的話，小孩子也會跟你一樣。你要是走出來，小孩子也會很快樂。」

「很多事都是個性問題，你要不要走出來，想不想走出來。並願意常跟人家去接觸，都會有影響。只要不把自己封閉在一個小小空間裡面，你就會獲得舒展和心靈的自由。」

她說，「事情發生時，我跟一般失去丈夫的眷屬一樣。我告訴自己，我是不是也跟著他走了。但另一個聲音，又馬上告訴我說，不是。先生以前的行為，就是把父母顧好，把小孩撫養成人，我是不是

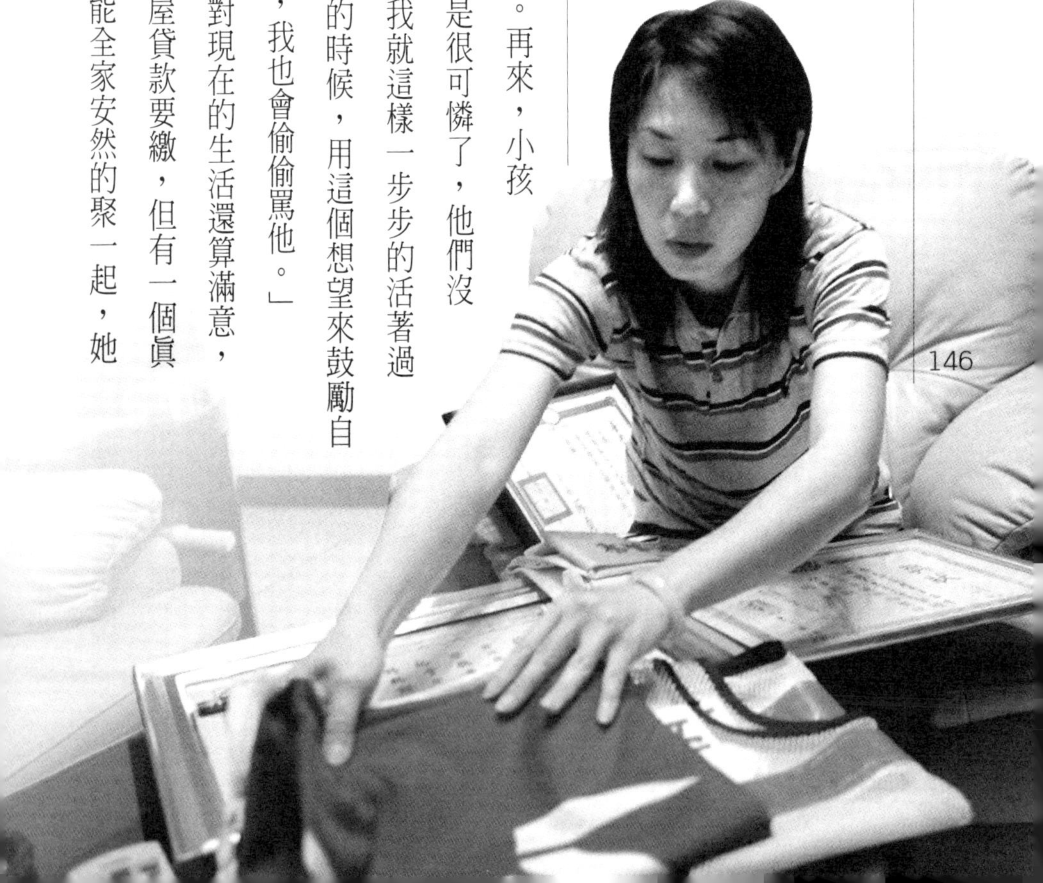

林芷羽細心的將結婚照製作成封面，並將家中各時期的照片，與先生王富華殉職時的新聞排列成冊，裡面收藏著一個警察家庭的故事。

要幫他完成未了的心願。再來，小孩子沒有一個爸爸，已經是很可憐了，他們沒有媽媽是不是更可憐，我就這樣一步步的活著過來。遇到挫折，不如意的時候，用這個想望來鼓勵自己，但有時快熬不過來，我也會偷偷罵他。」

看的出來，林芷羽對現在的生活還算滿意，雖然還有四百多萬的房屋貸款要繳，但有一個眞正屬於自己安適的家，能全家安然的聚一起，她

清秀的鐿蓁（左）未來的願望是想當個大明星，哥哥語祺（右）希望將來能遨翔天際當個飛將軍。

比什麼都感恩。她也相信，最壞的日子已經過去。

她說，「不要想太多，人生你不知什麼時候要發生任何事情，規劃太多也不一定有用，有時意外還不是就來了。現在，我常告訴自己，有什麼想做的事情，就快去做。有空的時間，就去學著幫助別人。」

林芷羽是遺族眷屬中，兼具正向和快樂的一位。和她接觸過的人，都相信，對她來說，悲傷已過去，她會愈來愈好。而這也是她在天上的先生最想看到的。

採訪後記

王富華殉職已經七年半了，林芷羽是真正走出那份喪夫之痛。她正向樂觀，笑容迎人，提到過去最艱苦和難捱的事，有點像在說別人的故事，但卻是那麼的深入傳神。說到傷心事，她仍會眼角含淚，卻不讓淚掉下。

王語祺和王鐿蓁兄妹，很安靜，對我們來採訪，有一分驚懼，但又不全然陌生。父親殉職時，他們都還是在幼稚園，但卻都說，對父親的殉職有印象。我一直想從他們小小心靈中得知，沒有父親陪伴成長的日子，是什麼樣的心情和滋味。但到離開，仍沒有從他們口中和心中找到答案。

攝影【筆記】

回憶的影像中最怕跌入定格痛苦，試著用另種生命的解釋掌握人生的軌跡，當一些不幸的事件躲不掉時，小孩子的臉孔是最真的影像記事本。

拍攝王富華的遺眷林芷羽時，沒有哀哀怨怨，鏡頭中她懷抱著溫暖。時間，讓林芷羽更能體會未來的重要。照片中她給人安適的氣息，拍攝起來有煥然一新的感覺。

在殯儀館守靈，有一隻黃色蝴蝶，飛到我的手背上。我說，如果你是我們家老公，在這邊休息吧！這隻蝴蝶整整在我手背上停了一晚。

縫補記憶的傷口

佛教慈濟基金會
文：張一蔓　參與志工：林年桂

獨立又好強的林芷羽，
用愛打造出清幽典雅的房子。
雖然背負著高額的貸款，
但是，喜歡空間佈置的林芷羽，
用愛裝扮溫馨的家，來填補對丈夫思念之情。
充滿溫馨「愛的小屋」是當初二人的夢想，
現由她一人獨立完成，這也是一種愛的延續。

記憶

林芷羽翻開留住記憶厚厚剪報本，眼中有滿滿的淚水。記憶就像是一把刀，割劃林芷羽早已破碎的心。八十七年一月七日的一場驚動警界事件，發生在警察機械修理廠，正在試射槍枝時，發生「氣爆」引發大火，造成了三名員警和一名技正逃生無門，葬生火窟，突來的噩耗讓家屬們措手不及，原本歡樂的家頓時失去了依靠。

人生就是這麼的無奈，當林芷羽的生日變成先生的忌日，心中眞的是除了痛，還是痛！剛開始時，白天用孩子、用工作來麻痺自己，到了夜晚，她總是在等著再也回不來的先生，爲他等門幾乎是整晚不能入眠。原本夫妻感情就非常好，讓她一心想自我了斷去陪伴、照顧先生。

「孩子是無辜的，不能在失去父親的同時，又失去母親。」這樣的信念支撐著她一路走了過來。

銳變

當年二十六歲年輕的母親，帶著一子二女，分別是七歲、六歲與三歲，如何來過日子？如何來生活？林芷羽她除了心中的痛還有苦。在當時社會輿論有很多的負面壓力，甚至於原本婆媳關係良好的公婆，都不看好她們一家人！

「你們越是如此看，我就越要做給你們看！」就因爲這份好勝心的堅持支撐著她，讓她更能勇敢，不但要把孩子帶大，更要把他們教育好。夫妻七年的感情，不想做任何的承諾，只有讓時間來證明一切。

王富華交通隊的同事吳東益，是她生命中的貴人，吳東益夫妻總是耐心的陪伴，假日裡帶著她們全家一起出去玩；隨時關懷家中有什麼需要幫忙的；偶而到家裡來吃飯嘛！……。長期愛的關懷，讓她那憂苦的、緊繃的臉漸漸露出了笑容。

「根本不懂爸爸是怎麼了！」經過時間的洗禮，原本才就讀幼稚園大班的兒子已變成國中生了。很喜歡運動、打電玩的語祺，沉默的翻著母親整理出來有關事件經過的剪報，完全看不出他此刻的心情，他比同年齡的孩子更懂得人間事。

「常常在漫漫的夜晚，看著母親翻著那記錄著心中永遠痛的事。」

「會想說為什麼爸爸沒有了？會想問爸爸的事嗎？」

「不會！」

爸爸以前待他很嚴，打過他，從小訓練獨立的個性讓他不去想？

只因爲怕媽媽難過，刻意不去提。

陪伴

「先生去上班，突然接收到的訊息，是他再也回不來了！」那種痛眞的是很痛。

「如何能在短時間內就打開芷羽的心？」

「陪她一起哭！」

志工林年桂回想起第一次和芷羽見面的情形，兩人相互擁抱，淚水像決堤一般。林年桂用自己的例子，說自己是如何度過傷痛，並用自己的肩膀借她倚靠。

「感恩上人回收了我們，更在我們的心中種下了一顆慈悲的種子。」人傷我痛，他們的事讓人覺得很心疼。志工不爲自己求什麼？只求他們能夠平安。

林年桂安慰陪伴芷羽，主動的邀約她參加「慈警會」舉辦的各項活動，三義之旅、靜思語的親子教學活動…等。

志工用了很多的智慧，給予很多實質的幫助，引導她們走出來，密切的互動，分享著彼此的需要，圓滿理念。現在林芷羽變成手心向下的人，不但做了護持慈濟的會員，活動都會來參加，更積極參與環保回收，開始幕後招募會員，並且會用自己的經歷來幫助苦難的人走出來。

林芷羽用自己的例子來說法，一次次的挖開記憶的傷口，說著傷心的事，雖然是很痛。但是，一次次的洗心，就一次次的勇猛精進，這就像菩薩渡眾生。

英勇事蹟

林昱宏在執行巡邏臨檢勤務，發生警匪槍戰身亡。

斷了線的風箏

林昱宏

殉職時間：90．12．07

服務單位：高雄縣警察局保安隊霹靂小組警員

追贈：分隊長

殉職時年齡：32歲

遺眷：（妻）李玟慧、三名稚齡女兒

林昱宏遺孀 李玟慧

在醫院，我哥哥跟我講了一句話，
妳當初要嫁警察，妳就要有心理準備，
這件事我知道，
可是為什麼會是我！

李玫慧說，「昱宏調到霹靂小組後，我經常擔著一顆心，每天都要等到他回來，才能放心睡覺，也經常叮嚀他要小心，告訴他要穿防彈背心。但他都認為防彈衣很重，穿起來很熱。我說這是保護你，你一定要給我穿，但出事時他還是，沒穿，沒穿。」李玫慧哭著用懇求的語氣說。

「我希望所有警察執勤時都能穿防彈衣，雖然很重，很熱，但替你的家人想想吧！」

一家人笑的多麼燦爛，李玟慧仍然深陷在過去回憶的深淵…

林昱宏在槍戰中殉職三年半了，但他的妻子李玟慧，談起過往，眼淚仍像自來水一樣，流個不停，令人心酸。

對李玟慧來說，一切並沒有過去。從她對丈夫過去種種的細述，可以發覺，如她所說，「時間並無法帶走一切，帶著我走出來，只是讓心痛放在心底，頂多讓傷痛比較能控制，一切反而變得更細緻和深刻，」李玟慧仍深陷過去的深淵。

李玟慧說，「最辛苦、最難過還是一個人的時候。小孩全都睡著時，我一人茫然的坐在床上哭，想我老公。才上小學一年級的女兒，問我，媽媽妳爲什麼哭？」我說，「因爲我想爸爸，我誠實的告訴女兒，也是希望她小小心靈，不要壓抑，如果難過，就和我一樣哭出來。對我來說，目前我能找到的就是用哭來發洩我心裡的難過。」

三個女兒雖還小，但也會向其他的小孩一樣，向她要爸爸。她告訴她們爸爸已不在了，在天上看著她們，她要她們要乖，否則爸爸會不開心，說著，說著，又哭了起來。

林昱宏在回警校讀在職進修班，同仁頒獎座為他送行。

林副小組長昱宏榮調紀念
功在霹靂
高雄縣警察局
霹靂小組全體同仁敬贈
中華民國八十五年五月卅一日

有時睡不著，李玟慧也會自己抄一抄佛經，寫寫心經，翻翻相片，或打開日記把自己所有的思念和心事，藉著一枝筆，向已不在的丈夫傾訴。

李玟慧說，「我還沒有走出喪夫的事實，我還在找，仍在找，我應該怎麼走出來。有人說小孩長大，我就比較不會那麼難過。我在想有那麼好嗎？回憶是永遠烙印在腦海，是不可能忘記的。但我也告訴自己，現在就是一種過程吧！」

李玟慧吸了一口氣，不斷的擦著臉上的淚水說，「因爲他生前給我最多和最好的一切，我才會那麼難一下子就走出來。他是很有責任感的丈夫，是很有耐心的爸爸，回家後，會幫我照顧小孩，做家事，回到隊部又自己K書，力爭上游，我才那麼難以忘懷。」

槍戰當天開巡邏車，載林昱宏、楊文化追歹徒車的林坤成，已從

林坤成是當年開巡邏車和林昱宏一起追歹徒的同事，他到今天都還在追悔愧疚中生活……

當年服務的霹靂小組，調到高雄縣警察局湖內分局湖街派出所擔任副所長。他說，「我到今天都還沒有走出這個陰影，對林昱宏的家人一直感到愧疚，更不想和別人提起這件事。」

「我不斷回想，如果那天我不要追歹徒的車，就不會發生這些事，昱宏現在還活著，三個孩子也不會沒有爸爸。」林坤成說這些話時，眼眶飽含淚水，頭一直壓的低低的，怕淚水一不小心就流下。可以想見他多年來內心承受之重，對他來說，何嘗又不是一種折磨和殘忍。

未曾遺忘的兄弟，三年半來同事的手機內還保留著林昱宏電話號碼。

林昱宏殉職時才三十二歲，小女兒剛滿月。當李玟慧由哥哥陪著趕到高雄八〇二醫院，獲知老公已昏迷命危，醫院說他隨時有可能會走掉，要她簽手術的切結書時，她呼天搶地的狂喊，「我還有三個小孩啊！」但林昱宏已不醒人事，李玟慧帶小孩到醫院試著想喚醒他，但林昱宏仍在二天後撒手而去。

李玟慧哭著說，「我當時強忍眼淚不敢哭，但他沒有留任何一句話給我，這是我最大的遺憾，我要的只是他的一句話啊！」

林昱宏在彌留之際，他的父母親，希望兒子能撐著一口氣，回老家，再走。但李玟慧卻仍不想放棄，但還是依了公公婆婆。她說，「昱宏在路上就斷氣了。」在醫院時，我問我哥哥我該怎麼辦，哥哥說，「妳當初要

女兒們很安穩的坐在父親林昱宏的肚子，上只是此景已成追憶。

嫁警察，妳就要有心理準備，我說，這件事我知道，可是為什麼會是我。」

李玟慧和林昱宏相識在台北，那時林昱宏在台北市警察局交通大隊圓山分隊服務。剛開始，她不讓家人知道男友是警察，因為父親對警察印象不是很好。一直到有一天，李玟慧鼓起勇氣，向她媽媽說，如果我愛上警察，嫁給警察會怎樣？媽媽說，妳自己喜歡的人妳自己要承擔。一切都過去了，但親人向她說的

李玟慧目前被警方安排在屏東縣警局四林派出所上班。

每一句話，她卻都清楚的記著，且重重的敲打著她的心靈！

訂婚後，林昱宏爲了薪水能增加一萬多元，悄悄的轉調到霹靂小組。李玟慧知道後，很生氣，她認爲霹靂小組的工作很危險，而林昱宏卻先斬後奏，未和她商量，讓她很擔心。

李玟慧說，「昱宏調到霹靂小組後，我經常擔著一顆心，每天都要等到他回來，才能放心睡覺，也經常叮嚀他要小心，告訴他要穿防彈背心。但他都認爲防彈衣很重，穿起來很熱。我說這是保護你，你一定要給我穿，但出事時他還是，沒穿，沒穿。」李玟慧哭著用懇求的語氣說，「我希望所有警察執勤時都能穿防彈衣，雖然很重，很熱，但替你的家人想想吧！」

回想林昱宏出事那一天，李玟慧說，「接到他同事電話通知的前五分鐘之前，我就拼命的打他的電話，但電話完全收不到訊號，沒想到我來不及打通電話，同事就打電話來告訴我說，昱宏中彈。」

林昱宏在霹靂小組時的小隊長林士元，回憶當天接到通知的情景，他說，「也被歹徒開槍擊中左小腿膝蓋的同小隊員楊文化，打電話給我時說，中槍了！中槍了！」

林士元說，「槍戰的地點很偏僻，在高雄縣巢寮的產業道路上，一開始連救護車都找不到。昱宏先被送到林園地方醫院，因傷勢嚴重，止血後，再送到長庚醫院，因當地發生重大車禍，開刀房已滿，昱宏再被轉送到八〇二醫院。」

林士元手指著自己的右下腹說，「昱宏中槍的部位就在這裡，在長庚急診室昱宏還會笑，還說沒關係，但可以感覺到他意識有些模糊，再轉到八〇二醫院時，昱宏就昏迷了，因子彈卡在動脈，醫生也不敢把彈頭拿掉。昱宏中槍後，連轉三家醫院，耽誤了近一小時的搶

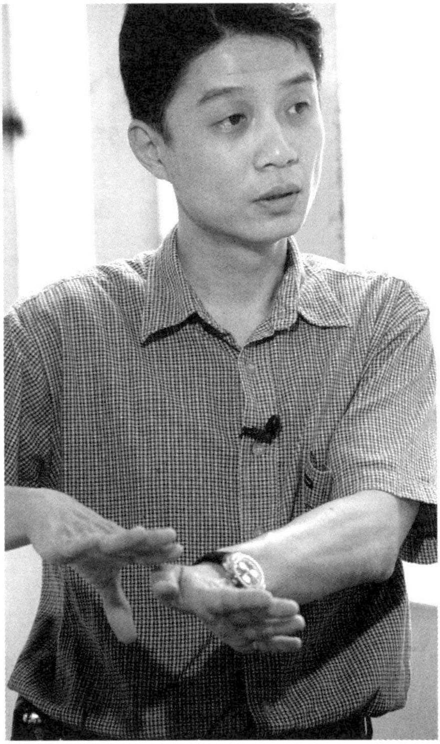

林士元是林昱宏的小隊長，轉述當時發生經過。

救時間，坦白說他應該是被延誤了。」

林昱宏殉職後，他所服務的縣警察局霹靂小組，心裡都罩著一層陰影，那時同事都在想，怎麼會如此，每天看新聞都是別人發生的，想不到今天別人的教訓卻落在他們身上。那段時間，隊上的氣氛很低迷，無力感，同仁巡邏時對可疑的車輛，也比較不會像以前那樣的追查或盤查，林昱宏的事給他們很大的影響。

林士元說，「時間會過去，但是只要電視螢幕再出現類似場景，這種傷痛還是會再度勾起。」

開巡邏車追歹徒唯一未受傷的林坤成，對當初決定開車追歹徒一事，他並沒有後悔，但對林昱宏的家人，多年來，他內心仍感到愧疚。

林坤成說，「我常常想到昱宏，他仍活在我的心裡。我也覺得自己並沒有從這件事的陰影中走出。這件事對我來說，仍是一輩子的事情，那一幕影像，一直在腦海裡面重覆。有時候看到昱宏的小孩子，都會想他們少了一位好爸爸，對她們很愧疚。」

三年半，是一段不算短的時間。但林昱宏的家人，和當初發生槍戰的同事，都仍處在極度的思念和悔恨之中。如何幫助他們重建生活，走出心裡的陰影是極度需要大家一起來關心的。

採訪後記

三年半了，在高雄縣警察局保安隊，和林昱宏過去的兩位同袍林士元、林坤成，談起槍戰當天事情經過，搶救送醫情形，和對林昱宏生前印象。二位霹靂硬漢，強忍著眼眶中淚水，那種感情和堅毅，撼動人心，一直浮現在腦海。

事情過去了，但這事件的很多人，仍未走出來。他們都背著一件枷鎖，在人生的道路上辛苦的走著。我在想，是不是有人，或有什麼方法來關心他們。逝者已矣，生者可期，活著的人是更值得我們關切的。

結束訪問時，談到未來漫漫之路。李玟慧說，「我只有一個想望，就是好好把孩子帶大，等她們都可以獨立時，我一個人會拎起背包，去環遊世界。」有夢最美。但我心想，她孩子還小，這個夢想何其遙遠，卻又不忍碎了她的夢。

攝影【筆記】

淚水！讓李玟慧的人生更堅強。拍攝前的溝通，讓她稍為心安，並感受到我們善意的出發點。

面對鏡頭時，她又無法克制的落淚。將積壓在心中多年的思念，真誠的哭訴出來。

拍攝過程都是以李玟慧工作的派出所為主，簡單的特寫構圖，與採訪場景，呈現出她勇於面對人生的韌性，也真誠表現出她，另一種堅強的生命態度。

點選一杯受傷的警察咖啡

屏東縣警察局潮州分局新聞聯絡人 葉志成

在警察機關我是總務人員，我的工作簡單來說，就是讓警察出門時要車有車，要槍有槍。舉凡大從興建警察辦公廳起，小到開紅單紙筆的供應，包含供應警察全身上下，從頭上的帽子到腳穿的鞋襪，那都是我的工作。

我很樂意爲在太陽底下服勤的警察，建立一個輕鬆的辦公環境，更希望他們有一身自在而合用的裝備。但我最討厭幫抬回來的警察辦身後事，偏偏我不得不去幫忙，因爲那也是我的工作，而無奈的是這些討厭事，我笨到重複做了十幾年，卻總是一直做不好。

在這個職務十多年來，我處理過勤務中殉職、勤務中病逝、因公死亡、甚至還有舉槍自殺同仁的身後事。每每遺像懸掛的人會更迭，場景會有簡單也有隆重，但妻兒的哀痛與幼兒稚女的天眞，十餘年來一直都不曾改變過。

照例，每一次警察有傷亡發生，媒體就會逼迫社會大聲撻伐，但是一陣子的激情過後，攝影機遠了，大家也隨之淡忘了。每當長官自以爲關懷已足，也盡了力時，我的工作卻才剛要開始。

我對遺族的道義責任，往往從辦喪事起就再也沒完沒了。這份高高掛著的道義責任，它就如同警察遺像，對我碎碎唸的叮嚀，注定會陪著我上班下班，直到我白了少年頭。

「捺也安捏？不會吧！照護遺眷不是有專人在承辦嗎？」沒錯！照護是有專人在辦。但是現況裡，如果遺眷沒有工作，一般都會安排在警察機關裡當工友。於是那個幫忙辦喪事的總務，一下子就轉變成遺眷上班時的同事。

而您所講那個專辦遺眷照護的人，他負責的就只有年節陪長官慰問。而我這個不司專業照護的總務，卻得實際負責照護工作，我除了必需安排遺眷的工作，當她(他)們心情不好時，我還得帶去喝咖啡，甚或還得提供其子女的教育諮商。

這不是照料機制的不健全，而是遺族照護承辦人與遺眷之間，隨著人事更迭並沒有建立感情。所以遺族寧願選擇那個幫忙辦喪事的總務，卻不想去找主辦照護的專家。

舉一個過去案例來說，我協助一個警察同仁辦理身後事時，他殉職時女兒還在讀幼稚園。但是幾年後這個女兒讀國中時，卻因青春期個性使然而離家出走。她媽媽解決不了青少年問題時，還是想到找我，希望我再去幫忙把女兒找回來。我開車子去見女主角的一路上，一顆忐忑不安的心一直在問自己：「我是誰？我第一句話該怎麼講？總不能說我是妳爸爸的同事吧？」在我的想法裡，此去這一趟自己就像廣告推銷員，一按電鈴就被女主角趕出來，該會是意料中的事。

一進門我說：「小姐！妳媽說要我帶妳回去？」預期要讓生氣的人趕出來，我倒不如一次講出來意。

「嗯！我知道！你是我爸爸的……嗯！叔叔！我%？！☆？！◎※⊙！」叫一聲叔叔後，女主角她眼眶紅了。經過半小時的雞同鴨講，我還是不懂女孩子叛逆的心，但她卻拎著行李跟著我回家，還答應我會用心跟媽媽溝通。

在我個人言，我不是心理老師，更不是愛心工作者，能夠把警察女兒找回家，我覺得自己已經做得夠好了。我這不是在炫耀，而是認爲我們要幫忙的不單只是配偶，請別忘了當一個英勇警察的兒女，從她們在接受慈母扮嚴父後，就註定會少了一份天眞卻多了一份無奈。曾經有警察兒女的願望是這樣說：「我希望保留爸爸的床位 。」我只能這樣回答「這─這─叔叔幫不上忙，走咱們唱歌去吧！」

殉職同仁的遺眷，最需要幫忙的時候，是大家都淡忘了以後。她們最難熬的是怎麼把今天的哀痛，轉換成過去的警察故事！

有些眷屬在唏噓已遠之後，生活壓力便逼迫她(他)們站起來。你只要在她心中樹立一個「你要活下去。」的標示牌，再幫忙給她一份勉強可糊口的工作，那她便可以在警察的關懷下走出陰霾。

但是有些人卻歷經數年，故事仍恍如昨日才發生，她還是會向我吵著「我不管啦！我就是要你把我老公找回來！」我常常半夜聽到哀淒的哭聲，那不是已逝同仁回來託夢。而是當稚兒弱女睡了時，遺孀看到那紙什麼英勇盡瘁獎章或獎狀，眼淚就再也不聽話了。

當今照護機制已有雛型，但執行的人選卻有待再改進。我要說明的是，這些殉職的遺眷最需要的不是專家，而是她們想要一個知心的朋友。

當她們需要爭取權利時，我可能幫不上忙，但我會努力。當她渡不過漫漫長夜時，我會告訴她說，「把老公電話給我，我要找他算帳！但妳不能再哭了！」

「你昨天有聯絡上我老公嗎？我好想問『祂』有啥話沒交代？『祂』在陰間還有缺什麼嗎？」這個問題您認爲很無稽，但是在深夜，對活著的人來講，這些卻是很迫切需要的。

我一直在想，在有人的方圓便會有警察，即使有再好的勤務方式與裝備，都無可避免再有殉職的憾事發生。相對的即使有再好的照護機制，也撫平不了傷者心中的哀痛。我們唯一能給予的，唯有陪著她(他)們一起面對明天的太陽，我們何不試者在警政署的網站裡，臚列一些有經驗的警察同仁，把他們能提供的服務標示成選單。

這種方式不只可以讓這些睡不著覺的人，可以隨時跟滑鼠找上她

(他)們要找的人，更可以有一扇向陽的窗，會爲她(他)們二十四小時提供陽光。

最後我要強調的是，那些提供陽光的人，是「有經驗的警察同仁，而不是心理專家。」他們要求的，往往是健全機制，再外加一杯「受傷的警察咖啡」，甚至她想外帶一份「兒女的朋友。」

日記

老公：

你到底在那裡？你可知我好幾次夜裡想一走了之（小孩就這樣丟下），你知道嗎？

雖然知道你眞得多麼的捨不得你這三個心肝寶貝女兒，But你終究還是撒手丟下了。不是嗎？也留下我在這世上痛苦的這樣過，每天在想你等你不曾斷。But終究是沒有結果。我不知道你是否也看得到我每天是如何過，而與我眞正內心卻不吻合，也許你會

罵我笨、呆、癡何苦如此呢？

老公，若今天的角色Role，是互換，你就不會這樣認爲了，你就可以知道，你的老婆每天的心都過得好痛好心酸，但卻在人前需要努力的掩飾下來，用嘻嘻哈哈的方式，來蓋過內心的難過及痛，天天用打哈哈（拉）的方式，在同事、朋友、家人面前隱藏內心的淚及痛。老實說，我眞得撐得好累好痛，努力的學習將淚水往肚裡呑往肚裡藏，老公，老公。我眞得不想撐，我不想過沒有你的日子，一人生活，我相信小孩也更希望看見你，陪她們一起長大。沒有你生活及日子，什麼事都要自己承受（擔），去解決去面對。But你也告訴過我，眞正知心朋友一、二個就夠了。你更該知。

3/8 raining　晚上

英勇事蹟

悲傷是可以轉換的

麥當勞天花板被放置爆裂物，楊季章前往拆除處理時被炸死殉職。

楊季章

殉職時間：81．04．28

服務單位：保安警察第一總隊，派駐刑事警察局防爆小組隊員

追贈：分隊長

殉職時年齡：24歲

遺眷：楊文光（父親），陳麗華（母親）

十二年了，
自從兒子在麥當勞被炸死以後，
我就沒有再進去麥當勞一次，
那是傷心地啊！

楊文光

楊季章父親

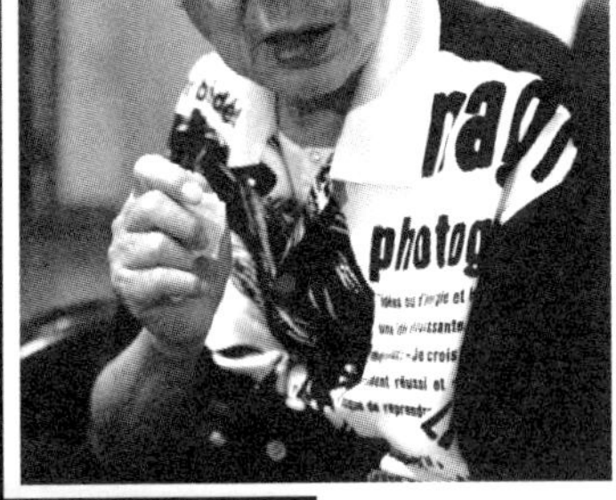

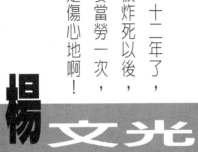

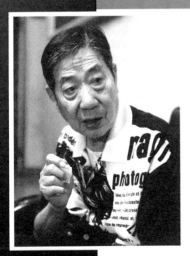

楊季章殉職已十二年了，楊媽媽說，如果季章還在的話今年已三十六歲，早就結婚生子了。言談中，仍充滿濃濃的哀傷。

今年七十八歲的楊文光，防爆出身，在國安局服務三十年，其中，十年在總統官邸擔任防爆事務工作。他這一生出過許多危險勤務，最後安然的從國安局退休。但怎麼也沒想到，克紹箕裘的小兒子，才從警察專科學校畢業沒多久，在任務中竟以身殉職，這是他最不能接受的地方。

楊文光（左）與陳麗華夫婦談起小兒子楊季章時兩人眼神交會，言談中充滿濃濃的哀傷。

楊文光精神還很好，腦筋更是清晰，訪問過程中，什麼話說過了，什麼沒有說，他都很清楚，很少重覆。

楊季章的父母，相差三十六歲，看得出來，楊伯伯總是像照顧女兒一樣照顧著妻子。楊季章的母親陳麗華，自十二年前兒子殉職後，就得了憂鬱症，幾乎足不出戶，兩腿肌肉已慢慢萎縮，連家裡的四樓樓梯也爬不上去。

到楊家採訪時，只有楊伯伯一個人出來和我們談心，他說，「我

楊文光夫婦帶著老三楊季章（左二）老二楊華章（右二）前往探望就讀陸軍官校的大兒子楊逸章（中）。

母親陳麗華說這張照片是她與楊季章中學時期拍攝的，是她最喜歡的一張照片。

最近擔心自己也快得憂鬱症了，還到榮總看醫生，晚上要吃二顆半醫生開的藥才睡得著。」楊媽媽一直在房間待著，陪我們一起去的慈濟慈警會陳國興師兄，和潘文慧師姐說，他們來了好幾次，但從來都沒有見過楊媽媽出來，他們也不好意思，要求楊爸爸請楊媽媽出來和大家見面。

這次我們一再懇求楊伯伯，拜託他進去房間，請楊媽媽出來聊一下，她才破例走出房門。但整個採訪過程中，無論我們怎麼問她和她說話，她始終是頭低低的，不答應，也不說一句話，偶而搖搖頭，到最後便開始流眼淚，讓我們不知所措。

楊伯伯很無奈的說，「她就是這樣子，不喜歡說話，也從不和別人來往，只有逗逗小孫子才是她最大的樂趣。」楊伯伯希望楊媽媽能說說話，「妳想說什麼就說什麼，隨便聊聊。」楊媽媽就是不開口，

楊文光目前最擔心的是現居住的忠孝新村將拆除，老來可能面臨沒房子住的窘境。

弄得楊伯伯也沒輒。

伯父和伯母目前和二個兒子楊逸章、楊華章住在一起。兒子都結婚成家立業了，各育有一對兒女，但爲了照顧父母，全家人緊緊的維繫，住在一間四樓的眷村內。楊伯伯說，「兒子在外面都有買房子，但十個人住在一起做伴，我們夫妻很安心。」但他也提到民國九十五年後，現在住的忠孝新村要拆了，老來，可能面臨沒有房子住的窘境，這是他最憂心的。

伯父說，季章的撫卹金，可以領到民國一〇一年，現在一年領十萬元。當初政府總共撫卹了七百萬元，麥當勞公司給了二百萬元慰問金，共九百萬元，生活上還活過得去，經濟上沒有匱乏。

楊伯伯說，「季章從小就很有正義感，高中時他是學校班長，同學發生什麼問題，女生被欺侮，都會找他解決。他很會擺平問題，但也很講道理，很有談判技巧。你知道，要當老大不容易，我跟他買了一輛捷安特腳踏車，那時很貴的，他把它賣掉，卻說借給人家時對方丟了。其實，是幫同學擺平事情要請人家喝酒吃飯，他沒

楊季章報考警察大學時挑燈夜戰讀書留下的畫面。

錢，只好把腳踏車給賣了。」楊伯伯說得眉飛色舞，看得出來，他很爲季章生前所做的這件事，感到自豪和驕傲。

他說，季章很有女孩子緣，在讀書時，女同學如果被欺負都會找他出面幫忙。

採訪過麥當勞爆炸案的記者都知道，季章在殉職前，有一位很好的女朋友。楊伯伯說，「這位女孩已經結婚了，人在加拿大，但每年都會給他們夫妻寫賀卡，是個很貼心的女孩。」

話題轉到楊季章殉職的當晚，楊伯伯神色變得凝重，兩隻手交叉緊握著。他說，「出事那天晚上八點多，季章跟我說，他今天是副班，十點多就回來了。他是副班，不是正班，不該他去的，可是正班打球去了。那時新聞已經得到消息，麥當勞廁所天花板上，被放置炸彈，那是一個水銀式引爆炸彈，算是高爆性的，不是黑色炸藥。」

楊季章繼承父親的衣缽，投身防爆工作。

楊伯伯接著說，「我聽季章的同事說，爆炸瞬間，只聽到季章喊了一聲『隊長』，就看見火花四射，在場的人往外衝，爆炸的威力，把廁所的門都震了出去，麥當勞外面的玻璃都被震碎了，在場的人狂叫四散逃逸。季章更是整個人被彈了出去，防爆衣都被炸開了，全身遍體鱗傷是血，他被送到長庚醫院急診室，我趕到醫院時，已經沒氣了。」楊伯伯頭往上仰，重重的嘆了一口氣，眼角帶淚。

楊伯伯是防爆專業出身，他後來了解當初現場的情況，他說，「我後來在刑事警察局的會議室裡，曾當著所有人的面說，他們犯了一個很大的錯誤，明明知道麥當勞天花板上，被人安裝的是水銀式高爆引爆炸彈，爲什麼不打個水泡，拿個沖天炮或掛炮也可以，把它引爆掉，而卻要用人去拆卸，這根本是拿命去玩。」楊伯伯把這個十二年前，刑事局防爆組所犯的嚴重錯誤，一口氣說完。他說，「季章就是被這個不夠專業犧牲掉了。」

水銀式高爆引爆炸彈，平平的放就沒有事，一歪就爆炸，剪線也會爆炸，放置這個爆裂物的嫌犯陳希杰，當初也是把所有的信管都裝好，水銀擺進去，最後放進炸藥，才從天花板爬下來。連嫌犯

自己也知道威力的強大，警方也知道危險，但處理時卻如此的輕率和沒有經驗，白白的犧牲了一條年輕可貴的生命。楊伯伯又重重的檢討了這項錯誤。

麥當勞案發生時，盧毓鈞任刑事警察局長，楊季章的事讓他痛定思痛，制定了「因公殉職人員遺族生活慰問辦法」，並且徹底改進防爆人員的裝備和訓練。從此後警方防爆人員的安全，幾乎達到「零傷亡」的紀錄。

刑事局也一併提高危險加給的待遇，楊季章用他的死，換得了其他兄弟的安全和福利。盧毓鈞很關心楊

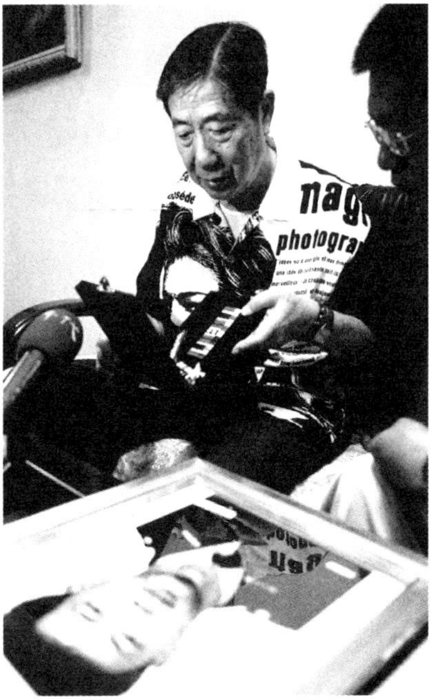

楊伯伯說：季章的死徹底改進防爆人員的裝備與訓練，也換得了其他兄弟的安全與福利。

季章父母的健康和生活，退休後，出任刑事偵防協會理事長時，還多次前往楊家探視，並致贈慰問金和禮品，楊伯伯和楊媽媽都很感念他。

楊伯伯說，「從那時候開始，我從不進麥當勞，經過，也不看一眼，不進去。因爲我進去就想起，所以不想進去。我連三溫暖也不去了，最後一次去三溫暖，是我生日。季章說，爸爸我請你洗三溫暖。差不多一個禮拜以後，他走了。季章以前騎偉士牌機車，家門口只要響起，啪、啪的聲音，我就知道他回來了，但現在我卻最怕聽到這個聲音。」

我們請伯父找季章生前的警裝遺物，讓我們拍照。他說，通通燒掉了，家裡只留著季章生前所拍的一張半身警裝照片、警察勳章。楊伯伯親自爲愛子寫了一篇「墓誌銘」，安放在勳章盒裡。他掛上眼鏡，讀著這篇「墓誌銘」，讀完後再取下眼鏡，看得出來他心情的微微波動。

楊伯伯每天念阿彌陀佛經，看大愛電視台。他還問慈濟的師兄、師姐，證嚴上人今年多大年紀了。獲知今年快七十歲了，直說，她眞了不起啊！

他說，他現在報紙都不訂了，電視和報紙都是那些新聞，亂、亂、亂，眞是亂，一場糊塗，不是這邊黨，就是那邊黨，亂七八糟黨，電視新聞報一次就可以了，但現在卻不是，他看一下就把他關掉了。整個採訪過程中，這是楊伯伯最激動的一次。即使是提到兒子的殉職，他也未曾如此激越，可以想見他對目前政治、社會、媒體的亂像，已到了深惡痛絕的程度，也從中再看出一位老者，對國事、社會事的關心和痛心。

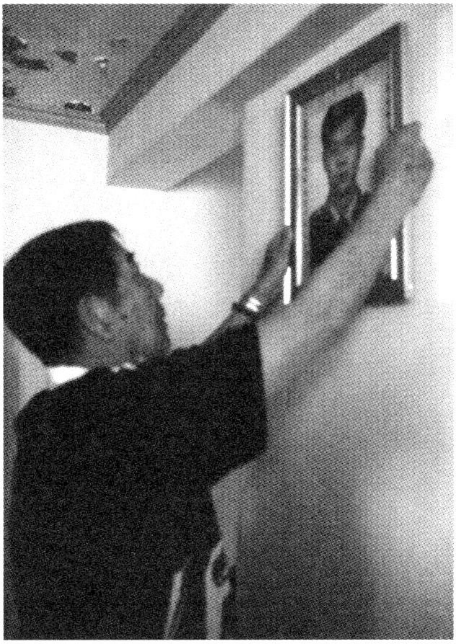

楊季章生前的遺物通通燒掉了，家裡只留下一張半身的警裝照片高掛在佛堂。

楊媽媽還是用驚懼的眼神，看著四周的事物，默不做聲。在場的人都勸她要走出來，要寬心，她對大家的關心和勸慰，也不斷的點頭。

一直靜默的楊媽媽，突然用很低沈的聲音說，「我還是會想他，而且常常夢見他。」楊媽媽離開客廳，隔沒多久，她拿著一張和兒子合照笑開懷的照片回來說，「這是我最喜歡的一張照片。」伯父說，十二年來，她床邊就放著這一張照片，想的時候就看。

伯父嘆了一口氣說，「想開啊！要想開啊！不想開怎麼辦，日子還是要過，一天、一天還是過啊！一年一下子就過去了。我們土話說，月怕半，年怕中秋，中秋一過，就過年了，過年又大一歲了，我今年七十八歲，虛歲七十九，過年就八十了。」

慈濟師兄、師姐先告退，伯父上四樓掛回季章的警裝遺照，整理佛堂，拜拜，念經。楊媽媽一個人坐在客廳，她突然開口說，「季章很慷慨，很會講笑話，剛開始賺錢，還要買衣服給我，我說，我衣服很多不要。他還不高興，一直問我爲什麼？並要我答應她，下一次他買我一定要接受。」

楊媽媽說，「他是個好孩子啊！很幽默，很貼心，也會說笑話給我聽」說著，說著，楊媽媽又哭了起來。

臨行前，我向楊媽媽說：「死者已矣，生者可期。逝去的人已經過去，活者的人才是可期望、可期待的。我們當然一定會懷念逝去的人，但逝去的人是事實，是我們無法改變的。」

「怎麼樣讓活著的人，好好的活著，有希望，健康、快樂的活著，才是我們應該要關心的。慈濟就做的很好，方向很正確，他們一直朝這個路在走，我希望您能體會，最後只有自己才能幫助自己，已這麼長的時間，您一定要轉變，爲了您的家人和死去的季章。」

我向楊媽媽說，之前採訪的幾個實例，大部份的母親都帶著好幾個孩子，但她們爲了孩子，都含辛茹苦，咬著牙過日子，只要你想改變，馬上就能轉變，楊伯伯就很堅強，很了不起。楊媽媽不斷的點頭，低沈的說，「我會，我會。」

採訪後記

傾聽家屬內心的聲音，是我進行這項採訪工作的主要核心，即使家屬說的如何痛苦和不堪，都是我想聽到的內容。但楊媽媽卻讓我完全無著，無論我怎麼問她，撞擊、敲

打她的心靈。她就只是低著頭抽搐和哭泣，再加上不斷的搖頭，一語不說。直到最後，所有的人退場，她才對我說出，對兒子的思念。

我很少對一位受訪者說那麼多話，但楊媽媽的目前一切，卻讓我替她憂心。我告訴她，死者已矣，生者可期，要為周邊所有活著的人著想，把自己振作起來，改變家的氣氛，她終於點頭了。

不當母親，一定無法了解母親的心。離開楊家時，天開始下起雨，伯母堅持我們一定要撐他家的傘，我們謝謝她。但再一次感受到一位母親的心。

攝影【筆記】

麥當勞的廣告充滿了歡樂，無論是小孩或是大人，在畫面中都表現出和樂和溫馨的氣氛。但對楊伯伯來說，卻是他心中永遠的痛，他從此不再進麥當勞了！

照片可以傳達人性，記錄楊伯伯回憶兒子，發生意外時的情形，相機快門速度就如他講話的速度一樣放慢了，屋內昏暗的光影與他自然的流露，表現出他對生命的頑強和自信。

攝影可以忠實記錄當時的情境，也會重覆再次的傷痛，拍攝過程也避免不了刺痛家屬的心底。最後一幕，楊伯伯帶著兒子的遺照上樓時，他拖著身軀的背影，我按下了最後一個快門。

墓誌銘

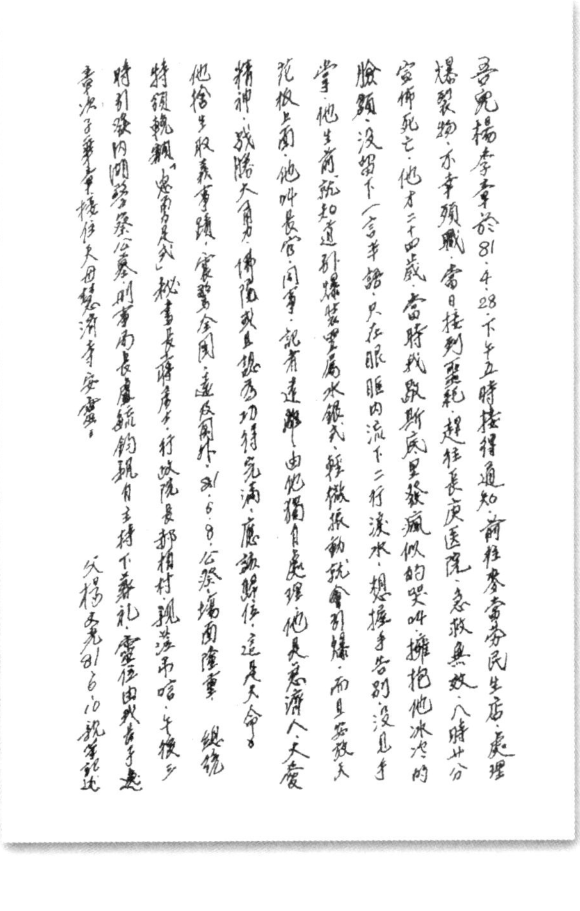

吾兒楊季章於81.4.28.下午五時接得通知，前往麥當勞民生店處理
爆裂物，不幸殉職，當日接到噩耗，趕往長庚醫院，急救無效，八時廿分
宣佈死亡。他才二十四歲，當時我歇斯底里發瘋似的哭叫，擁抱他冰冷的
臉頰，沒留下一言半語，只在眼眶內流下二行淚水，想握手告別，沒見手
掌。他生前就知道那爆裂物屬水銀式，輕微振動就會引爆，而且要致天
花板上面，他叫長官、同事、記者遠離，由他獨自處理，他是慈濟人，大愛
精神，我誇大勇力，佛陀或且認為功德完滿，應該歸位，這是天命了。
他捨生取義事蹟，震驚全國，遠及國外。81.6.8.公祭場面隆重，總統
特頒輓額「忠勇足式」，秘書長蔣彥士、行政院長郝柏村，親送弔唁，午後
時引發內湖警察公墓，刑事局長盧毓鈞親自主持下葬禮，靈位由我親手恭
奉於季章樓位大園慈濟寺安靈。

父楊文光 81.6.10. 親筆記述

吾兒楊季章於81．4．28下午五時接得通知，前往麥當勞民生店，處理爆裂物，不幸殉職，當日接到噩耗，趕往長庚醫院，急救無效，八時卅分宣佈死亡，他才二十四歲，當時我歇斯底里發瘋似的哭叫，擁抱他冰冷的臉頰，沒留下一言半語，只在眼眶內流下二行淚水，想握手告別，沒見手掌，他生前就知道引爆裝置屬水銀式，輕微振動就會引爆，而且安放天花板上面，他叫長官、同事、記者遠離，由他獨自處理，他是慈濟人，大愛精神，戰勝大勇，佛陀或且認爲功德完滿，應該歸位，這是天命。他捨生取義事蹟，震驚全國，遠及國外，公祭場面隆重　總統特頒輓額「忠勇足式」，秘書長蔣彥士、行政院長郝柏村，親蒞弔唁，午後三時引發內湖警察公墓，刑事局長盧毓鈞親自主持下葬禮，靈位由我長子逸章、次子華章接住天母慧濟寺安靈。

父楊文光81．6．10親筆記述

佛教慈濟基金會　鄭淑玲　潘文惠　陳國興

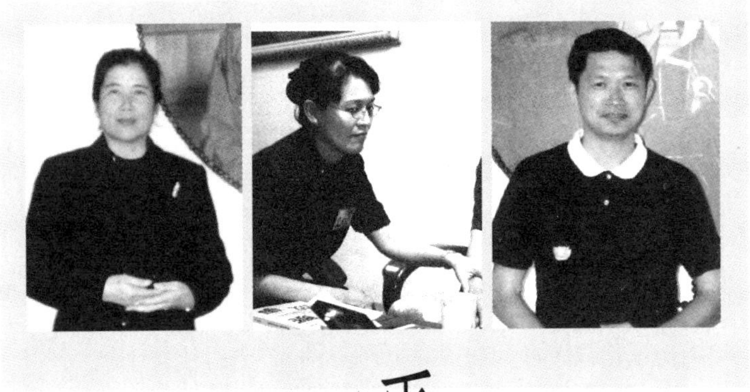

再續長情擴大愛

緣已斷，情未了！楊爸爸、楊媽媽請您要保重！也祝福楊季章師兄到慈濟世界來再續長情大愛。

第一次拜訪楊季章家時，見到楊父慈祥的面容帶著點憂愁的眼神，喪子的傷痛雖然已經過了十二個年頭，卻仍然難掩楊伯父的哀傷，這樣的境遇實令人不捨，也眞苦了他老人家。

爾後的拜訪言談，知道楊伯柏和楊媽媽因失去愛子哀慟的心情，讓他們倆足不出戶也鮮少與人來往，雖有其他子媳的陪伴，但楊季章的身影卻不時的出現在楊媽媽的夢中，更讓楊媽媽難以走出陰霾。

楊媽媽，上人曾慈示：「遠去的親人已如一只飄揚的風箏，假如有一根線把它拉住了，這個風箏就會一直掙扎……。」

楊媽媽請您祝福季章，放下他，就讓風箏自在的飄到他該落下的地方。而且他若知您爲他消瘦，損壞身體，他會不放心的。況且您還有季章的哥哥們及孫子們，需要您的疼愛。更重要的是，楊爸爸很需要您的愛及陪伴，只要您笑了，楊爸爸就開心，靜思語裡上人慈示「心開，運通，福就來。」春風伴著福氣自然吹進家門來。

季章，您英勇犧牲前還要同事別過來，保護同事的生命安全，成就捨己救人的菩薩使命。而且還引導了楊爸爸入佛門的因，他現在每天早上，做早課，拜經，禮佛，看大愛台，聽證嚴上人的開示，用上人的法來撫平傷痛，也經常引用上人的法來和我們聊天，可以看出來他是很用心，而且受到感召。他常說，上人眞是一位有智慧的長者。

季章，我們相信您已經換另外一個人生再入娑婆。您以前就爲功德會勸募善款發揮愛心，期待也祝福您到慈濟世界與您再續前緣，拉長情擴大愛，爲淨化人心做活水爲祥和社會做砥柱，牽引苦難人走過漫漫坎坷路，重展笑靨。也祝福楊伯伯楊媽媽身體健康，心開意解。

感謝誌

《未曾遺忘的兄弟》能夠順利成書，是很多人通力合作的結晶。書的內容我蘊釀很久，但眞正著手，是受到警政署署長謝銀黨的鼓勵。年代新聞董事長邱復生，支持我做些好的故事，在新聞中播出，更是促成此書的最大契機。

內政部長蘇嘉全特別安排見面，給我肯定和支持，並爲書寫序，他的厚意我感念在心。

中央警察大學校長蔡德輝，是多年來最關心我，愛護我的長者。他爲書寫序，我讀的熱淚盈眶，再一次感受到，被人了解和肯定，是多麼的溫馨。

刑事警察局長侯友宜是警界翹楚，刑事專業的領導人之一。他長年在打擊犯罪和治安的貢獻有目共睹，對國家和社會他是有戰功的人。爲書寫序，倍增光彩。

警察專科學校校長劉勤章，是培育警界精英、中層幹部和基層員警的搖籃和推手，他爲本書寫序，是最恰當不過了。

和我共同完成這本書的老同事邢定威，編排這本書的高手黃洸雄，和爲書封面做美術指導和設計的老同學吳宏淼，再加上我的賢內助范玫玫，是這次成書的最好團隊，他們都是非常有創意的人，全心付出，我衷心感謝。

印刻出版社發行人張書銘和社長初安民，秉持出版人和讀書人的淳厚風格，全力協助此書出版，是成書的最大功臣，對他們所做的一切，我特別表示敬意和謝意。

警政署督察室組長林進元，和佛教慈濟基金會的翁千惠師姐，都是背後的最大推手，因他們的安排和幫忙，一切才能順利進行。

協助我採訪的慈濟基金會各地區師姐、師兄，我要向她們行最敬禮。看到她們身體力行的付出，我眞正體會到，冰凍的心，是如何被化解和開啓的。她們也是此書的共同作者（見書內頁），感恩！

部長辦公室的馬士元、邱金惠和梁國輝，對出書過程的協助和鼓勵，感佩在心。警政署黃宗仁主任領導的公關室，全力投入特此致謝。

最後，我要感謝我的父母張良洲和謝翠華。這幾年來，我頻換工作，且忙於工作，連回家探望和陪他們的時間都少了，還時時讓他們擔心，幸好他們一直很信任我。我最尊敬的岳父母范聖任、阮麗玉，長年默默對我的關心，是支持我的另一股力量，此書一併獻給他們。

女兒歆珧，兒子明遠，忍受我電腦當機，亂發脾氣怪人的個性，還一一爲我解決問題，他們的懂事、獨立和認眞，是我最大的安慰。

謝謝我的姐姐張苓香、張苓麗，姐夫陳文德、劉志成，弟弟張道屏、張道仁，不時對我的關懷，身為親人我對他們關心的少，虧欠的多。周邊的很多好朋友、好同事，從不間斷給我的關切，更是我前進的最大原動力，合十感恩。

我已離開年代新聞，但我仍要對年代前副總監謝忠良，和總編輯李小敏對我做這專題的支持，同事任祖翔幫我做帶子完成後續工作，一併致謝。

年代新聞部攝影組的同仁，林大景、黃盟凱、王偉鑑、張忠信、藍進發、詹宏舜、楊德成。他們是最優秀和頂尖的團隊，他們用影像的記錄，助我完成這本書，讓我大步成長，跨入新領域，是我的啓蒙老師。

張道濤

附錄

歷年來殉職警察名單

殉職62人

編號	姓名	發生日期	職稱	案情摘要
1	陳朝欽	73·09·17	臺南市警察局刑警隊員	據報至中正路銀河星餐廳查緝槍械時，與歹徒發生槍戰殉職。
2	黃光良	74·01·25	高雄市警察局隊員	清查一清專案遭歹徒擊斃。
3	侯仁澤	75·04·20	嘉義市警察局刑警隊員	緝捕逃犯時遭槍擊身亡。
4	黃德訓	75·06·03	高雄市警察局隊員	緝捕逃犯遭擊斃。
5	周春在	75·07·05	臺北縣警察局組長	緝拿持械滋事嫌犯遭槍擊殉職。
6	洪　旭	75·11·15	臺中縣警察局隊長（北縣）	圍捕要犯林博文不幸中彈身亡。
7	謝光鎮	75·11·18	臺北縣警察局警員（高縣）	緝拿逃兵通緝犯遭槍擊殉職。
8	江清章	76·07·23	新竹市警察局巡官（北縣）	奮勇緝捕金成山銀樓搶犯，遭搶犯刺殺不幸身亡。

9	鍾義鎮	76·08·04	桃園縣警察局警員	處理民眾報案時，遭歹徒殺害。
10	林鴻洲	78·06·22	臺北縣警察局刑警隊員	執行警網巡邏勤務遭歹徒刺殺殉職。
11	蔡聖豐	78·07·02	保五總隊隊員	執行「清塵專案勤務」與搶匪發生槍戰殉職。
12	蔡文芳	78·07·02	高雄市警察局隊員	擔服巡邏攔檢遭歹徒擊斃。
13	蔡坤田	78·07·21	臺中縣警察局警員（彰縣）	圍捕要犯林喬旋不幸中彈身亡。
14	郭亨富	78·08·16	臺南市警察局組長	督勤後接獲報案前往西門路五顆星歌廳查案，遭歹徒槍擊殉職。
15	周　延	79·04·20	臺南市警察局隊員	接獲民眾密告取締槍械，遭歹徒槍擊殉職。
16	吳進宏	79·11·13	臺北市警察局中正一分局警員（北縣）	擔服巡邏勤務時遭歹徒槍擊死亡。
17	朱騏驊	79·11·13	臺北市警察局中正一分局警員	擔服巡邏勤務時遭歹徒槍擊死亡。
18	黃國泰	79·11·20	澎湖縣警察局警員（高縣）	擔服十四至十六時船筏檢查勤務，於十四時五分遭同事槍殺死亡。
19	李克中	79·11·20	澎湖縣警察局警員	擔服十四至十八時值班勤務，於十四時五分遭同事槍殺死亡。

20	詹啓三	79·11·27	保四總隊小隊長	緝捕槍擊要犯陳志平發生槍戰殉職。
21	廖建喨	80·03·02	臺中市警察局偵查員	於台中市英才路二七〇號前查緝歹徒紀昇勳，遭槍擊死亡。
22	楊朝景	80·10·03	保二總隊隊員（投縣）	執行台電核四廠1003專案遭民衆衝撞因公殉職。
23	李富星	81·04·10	臺北市警察局刑警大隊隊員	查緝槍擊要犯陳新發時遭歹徒槍擊身亡。
24	楊季章	81·04·28	保一總隊隊員	支援刑事警察局處理麥當勞爆裂物，發生爆炸當場殉職。
25	吳宗憲	81·10·20	臺北縣警察局小隊長	執行路檢遭機車撞擊致殉職。
26	葉家欣	82·03·12	臺灣保安總隊隊員	派駐桃園醫院擔服值班勤務時，因取締攜刀尋仇嫌犯，格鬥遭刺傷重死亡。
27	蔡文彬	82·05·16	保一總隊隊員	支援新竹市警察局巡邏勤務時，搶救投海女子不幸殉職。
28	王永昌	82·08·06	臺中縣警察局偵查員（投縣）	圍捕要犯張瑞昌不幸中彈身亡。
29	邱仁治	83·07·02	屏東縣警察局警員	聞民衆溺水下海搶救，因體力不支而殉職。
30	邵秋榮	83·08·05	臺中縣警察局巡佐	中橫公路47公里處搶救被水圍困之民衆，不幸被水沖走殉職。

31	邱大耿	83.08.14	臺北縣警察偵查員(屏東)	逮捕煙毒犯遭兇嫌刺殺殉職。
32	劉永和	83.09.02	高雄縣警察局偵查員	處理民衆糾紛，遭嫌犯陳偉仁開車撞倒輾斃。
33	楊忠達	83.11.10	臺北市警察局保安大隊小隊長(北縣)	擔服巡邏勤務時緝捕案犯遭歹徒槍擊死亡。
34	邱信德	83.11.14	花蓮縣警察局警員	執行路檢勤務攔車盤查，遭歹徒駕車衝撞身亡。
35	黃望宗	84.01.04	高雄市警察局隊員	返家途中制止滋事者，遭歹徒槍擊身亡。
36	邵維俊	84.02.04	高雄市警察局隊員	查緝煙毒犯，遭歹徒殺害。
37	林政雄	84.12.27	桃園縣警察局警員	執行交整勤務時，遭大卡車重物滾落壓死。
38	鄭進豐	86.03.02	屏東縣警察局偵查員	處理轄內滋事案，遭歹徒以木棒偷擊頭部受傷不治殉職。
39	鄭安伸	86.04.05	臺南市警察局偵查員	接獲線報率員至高雄縣阿蓮鄉查捕持槍犯罪集團，發生槍戰送醫不治死亡。
40	曹立民	86.08.19	臺北市局中山分局警員(雲縣)	緝捕〇四一四專案嫌犯林春生等遭槍擊不幸身亡。
41	黃炳融	86.10.07	臺南縣警察局警員	追捕要犯發生槍戰，致因公殉職。

42	林安順	86·10·09	臺北縣警察局偵查員	查緝煙毒犯遭嫌犯槍殺殉職。
43	林士祐	87·01·07	警察機械修理廠技士	試射場發生塵爆為搶救槍彈不幸殉職。
44	蔡國居	87·01·07	臺北縣警察局警員	警械修理廠塵爆，入內搶救不幸殉職。
45	謝孟儒	87·01·07	臺北縣警察局警員	警械修理廠塵爆，入內搶救不幸殉職。
46	王富華	87·01·07	臺北縣警察局警員	警械修理廠塵爆，入內搶救不幸殉職。
47	范姜群國	89·09·01	桃園縣警察局警員	執行巡邏盤查可疑人物，遭歹徒槍殺身亡。
48	林得夫	90·07·30	花蓮縣局巡官	「桃芝颱風」肆虐期間，接獲民眾報案前往救援，遭加籠溪土石覆蓋，罹難於車內因公殉職。
49	蔡振財	90·07·30	花蓮縣警察局巡官	「桃芝颱風」肆虐期間，接獲民眾報案前往救援，遭加籠溪土石覆蓋，罹難於車內因公殉職。
50	林昱宏	90·12·07	高雄縣警察局警員(屏東)	執行巡邏臨檢勤務時，發生警匪槍戰身亡。
51	蘇憲丕	91·01·06	臺中縣警察局偵查員	擔服巡邏勤務接獲通報處理，不幸遇伏中彈身亡。
52	蔡瑞雄	93·01·23	嘉義市警察局巡官	接獲線報查處刑案案犯，遭歹徒槍擊殉職。

53	方照仁	93·02·14	高雄市局偵查員	查緝毒品，遭歹徒駕車衝撞身亡。
54	柯文峰	93·04·15	花蓮縣警察局警員	執行圍捕攔截嫌犯時，遭搶奪警用配槍槍殺身亡。
55	李進富	93·06·16	臺中市警察局小隊長	圍緝捕擄人勒贖案嫌犯施安明，遭開槍射中左胸，傷重不治身亡。
56	葉錫財	93·06·16	臺中市警察局小隊長	圍緝捕擄人勒贖案嫌犯施安明時，遭開槍擊中頭部，傷重不治身亡。
57	張聖堂	93·08·25	新竹縣警察局所長	「艾利」颱風來襲，奉命執行撤離居民任務，遭崩塌土石掩埋，經挖出之屍塊比對DNA證實已死亡。
58	孫智華	93·08·25	新竹縣警察局警員	「艾利」颱風來襲，奉命執行撤離居民任務，遭崩塌土石掩埋，經挖出之屍塊比對DNA證實已死亡。
59	趙祥雲	93·09·22	新竹縣警察局警員	擔服勤區查察勤務，墜崖意外死亡。
60	張亞濬	93·10·03	新竹縣警察局警員	執行防搶勤務時，追查可疑機車（三人共乘）而發生碰撞，倒地死亡。
61	陳智琳	94·03·01	新竹縣警察局警員	據報前往處理嫌犯持菜刀及瓦斯桶揚言殺害家人案，遭砍傷左頸動脈死亡。
62	洪重男	94·04·10	臺北縣警察局巡官	執行公務，英勇殉職。

失蹤2人

編號	姓名	發生日期	職稱	案情摘要
1	許泰勳	93.07.03	保二總隊小隊長	「敏督利」颱風來襲，留守隊部遭土石流活埋失蹤。
2	曾國雄	93.08.25	新竹縣警察局警員	「艾利」颱風來襲，奉命執行撤離居民任務，遭崩塌土石掩埋，目前失蹤。

重殘21人

編號	姓名	發生日期	職稱	案情摘要
1	謝明傑	61.11.17	基隆市警察局警員（彰縣）	柔道訓練摔傷，頸部以下癱瘓失去知覺，全身癱瘓成全殘。
2	陳清根	64.01.01	臺北市警察局士林分局小隊長	擔服組逃專案勤務發生車禍左下肢截肢成半殘。
3	陳國雄	65.08.30	臺北市警察局保安大隊警務佐（中市）	擔服機車支援勤務遭計程車撞斷左手成半殘。
4	黃共圈	67.07.14	臺北市警察局內湖分局主任（北縣）	查緝陳惟德夫婦土製炸彈案被炸成傷，左膝關節成半殘。

5	賴福秋	70·03·11	警察電訊所線務員（苗縣）	執行勤務致右眼成半殘。
6	姜作梅	71·05·15	嘉義縣警察局警員	擔服機車巡邏勤務，不慎跌入水溝受傷，半身不遂成全殘。
7	汪振深	72·11·26	臺北市警察局中正一分局警務佐（北縣）	於少年隊任內執行偵查勤務遭歹徒刺破右眼半殘。
8	陳德磊	73·06·09	臺南市警察局警員	取締燃燒廢五金勤務，遭醉漢搶奪配槍，遭槍擊致全殘。
9	林榮展	77·09·06	高雄市警察局巡佐	追緝贓車遭撞擊，左眼失明半殘。
10	童良盛	77·10·28	宜蘭縣警察局巡佐	解送人犯至地檢署時，車禍右眼受傷失明成半殘。
11	陳新清	79·03·14	保五總隊隊員	執行小區域警網巡邏車爆胎下半身癱瘓成全殘。
12	陳松茂	80·05·06	鐵路警察局巡佐	服勤期間如廁，不慎摔倒致腦溢血半身不遂。
13	林宏霖	84·08·08	花蓮縣警察局警員	執勤中發生車禍，造成膜上血腫、鼻骨骨折，導致部分機能障礙，精神、反應遲緩異常，經診為慢性器質性精神病狀況（半殘）。

14	羅裕忠	84·08·20	苗栗縣警察局警員	處理民眾農地糾紛遭砂石車衝撞，致受傷成全殘。
15	楊德昌	84·12·17	臺南縣警察局巡佐	執行巡邏勤務發生車禍，致左腿骨折成殘植物人。
16	呂進全	86·01·26	臺北縣局警員（嘉縣）	執行巡邏勤務遭歹徒槍擊，致成植物人。
17	郭振洲	88·10·19	臺北市警察局保安大隊警員（東縣）	擔服巡邏路檢勤務，遭酒醉駕車女子由後衝撞致傷半殘。
18	黃仁利	88·11·14	臺北市警察局文山一分局警員（彰縣）	擔服交通疏導勤務，遭大客車撞擊成半殘。
19	許峰嘉	88·09·07	臺北縣警察局警員（桃園）	移送竊盜嫌疑犯至分局中途發生車禍，致成植物人。
20	王清祥	89·01·09	臺南縣警察局警員	執勤途中發生車禍，致成植物人。
21	陳河坤	91·04·08	臺北縣警察局警員（桃園）	執行巡邏處理交通事故，遭營大客車拖行電纜線絆到倒地致顱內出血半身不遂成全殘。

備註：因公殉職（死亡）62人、失蹤2人、重殘21人，合計85人。（警政署提供）

警察人員因公傷殘死亡殉職慰問金發給辦法

（民國94年02月22日公發布）

第1條　本辦法依警察人員管理條例（以下簡稱本條例）第三十六條之一第二項規定訂定之。

第2條　本辦法所稱主管機關，為內政部警政署。

海岸巡防機關、消防機關列警察官人員及中央警察大學之警察人員有本條例第三十六條之一第一項所定情形者，其主管機關分別爲行政院海岸巡防署、內政部消防署及中央警察大學。

第3條　下列人員因公受傷、殘廢、死亡、殉職慰問金之發給，依本辦法規定辦理：

一、警察機關、學校所屬警察人員。

二、海岸巡防機關列警察官人員。

三、消防機關列警察官人員。

第4條　本辦法所稱因公受傷、殘廢、死亡，指因下列情事之一所致者：

一、執行職務發生意外。

二、公差遇險。

三、在辦公場所發生意外。

前條所定人員於非上班時間內執行職務或逮捕現行犯、通緝犯或其他緊急事故之行爲，致受傷、殘廢、死亡者，視爲執行職務發生意外。

第一項第二款所稱公差，指經機關學校指派執行一定之任務，其時程之計算係自出發以迄完成指派任務返回辦公場所或住（居）所止；

第三款所稱辦公場所，指於辦公時間或指派工作之時間內，處理公務之場所。

依本辦法發給慰問金者，以其受傷、殘廢或死亡與第一項各款所定因公情事之一具有直接因果關係者爲限。

第5條　依本條例第三十六條之一第一項規定發給慰問金，其基準如下：

一、受傷慰問金：

(一)傷勢嚴重住院急救有生命危險者，發給新臺幣十萬元。

(二)傷勢嚴重住院有殘廢之虞者，發給新臺幣八萬元。

(三)傷勢嚴重連續住院三十日以上者，發給新臺幣四萬元。

(四)連續住院二十一日以上，未滿三十日者，發給新臺幣三萬元。

(五)連續住院十四日以上，未滿二十一日者，發給新臺幣二萬元。

(六) 連續住院未滿十四日者，或未住院而須治療七次以上者，發給新臺幣一萬元。

(七) 因執行勤務遭受暴力或意外危害致有前六目情形者，依其基準加百分之三十發給。

二、殘廢慰問金：

(一) 全殘廢者，發給新臺幣一百二十萬元；半殘廢者，發給新臺幣六十萬元；部分殘廢者，發給新臺幣三十萬元。

(二) 因執行勤務致全殘廢者，發給新臺幣三百四十五萬元；半殘廢者，發給新臺幣一百八十萬元；部分殘廢者，發給新臺幣九十萬元。

(三) 因執行勤務遭受暴力或意外危害致全殘廢者，發給新臺幣六百萬元至七百萬元；致半殘廢者，發給新臺幣二百二十五萬元；部分殘廢者，發給新臺幣一百二十萬元。

三、死亡、殉職慰問金：

（一）死亡者，發給其遺族新臺幣一百二十萬元。

（二）因執行勤務致死亡者，發給其遺族新臺幣三百四十五萬元。

（三）因執行勤務遭受暴力或意外危害致死亡或殉職者，發給其遺族新臺幣六百萬元至七百萬元。

前項第二款所定殘廢等級，準用公教人員保險殘廢給付標準表認定之。

第6條　依本辦法發給之慰問金，因同一事由，已依其他法令發給慰問金者，應予抵充，僅發給其差額，已達本辦法給與基準者，不再發給。

本辦法施行後，有關投保額外保險部分，準用公務人員因公傷殘死亡慰問金發給辦法第七條第一項規定辦理。

第7條　第五條所定慰問金，係因第三條所定人員故意所致者，不發給；因重大過失所致者，減發百分之三十。故意或重大過失之認定，由主管機關依事實調查或依有關機關之鑑定報告辦理。

第8條　因公受傷或殘廢，自住院治療出院之日、未住院而治療第七次之日或確定成殘之日起一百八十日內，轉爲殘廢或殘廢程度加重、死亡或殉職者，按殘廢等級、死亡或殉職之發給基準補足慰問金。

第9條　領受死亡、殉職慰問金之遺族，其領受順序、數人領受方式、經當事人預立遺囑指定領受及領受權之喪失，比照公務人員撫卹法相關規定辦理。

第10條　慰問金之申請程序及核定權責如下：

一、申請程序：

（一）因公受傷者，應於事實發生之日起三個月內，檢具因公受傷慰問金申請表一式一份，詳述事件發生經過，並檢附中央衛生主管機關評鑑合格醫院出具之診斷證明書（含住院或接受治療原因），其屬澎湖、金門及馬祖等離島地區警察人員，得檢附全民健康保險特約醫療院所出具含住院或接受治療原因之診斷證明書，由服務機關、學校循行政程序函請主管機關核定後發給。

（二）因公殘廢者，應於確定殘廢之日起三個月內，檢具因公殘廢慰問金申請表一式二份，詳述事件發生經過，並檢附中央衛生主管機關評鑑合格醫院出具之殘廢等級證明書（含造成殘廢原因），由服務機關、學校連同所出具之因公殘廢證明書，循行政程序函請主管機關核定後發給。

(三) 因公死亡者，應由其遺族於第三條所定人員確定死亡之日起三個月內，檢具因公死亡慰問金申請表一式二份，詳述事件發生經過，並檢附死亡證明文件，由服務機關、學校連同所出具之因公死亡證明書，循行政程序函請主管機關核定後發給。

(四) 受傷住院或未住院而於治療七次以後，因傷勢加重，轉爲殘廢、死亡或殉職，或因殘廢致程度加重、死亡或殉職，按殘廢等級、死亡或殉職申請補足慰問金者，應於加重結果確定或死亡之日起三個月內，依前二目規定辦理。

(五) 第三條所定人員因公受傷、殘廢、死亡或殉職時，服務機關、學校督察（訓導）單位應主動協助所屬人員或遺族，填具申請表，申請慰問金。

二、核定權責：由主管機關核定之。

第11條　下列人員因公受傷、殘廢、死亡、殉職者，準用本辦法規定發給慰問金：

一、警察機關、學校、海岸巡防機關、消防機關暫支領警佐待遇人員。

二、於實習支援服行警察、海岸巡防、消防勤務或奉令協助警察、海岸巡防、消防機關執行任務期間之中央警察大學及臺灣警察專科學校學（員）生。

三、其他奉派會同執行警察、海岸巡防、消防機關勤務之公務人員。

第12條　本辦法所需經費，由主管機關編列預算支應。

前條第三款之公務人員，有本辦法情形者，由其相關中央主管機關編列預算支應。

第13條　本辦法自中華民國九十三年九月三日施行。

警察人員執行勤務遭受暴力或意外危害致全殘廢或半殘廢及殉職人員子女教養辦法

（民國94年02月22日　公發布）

第1條　本辦法依警察人員管理條例（以下簡稱本條例）第三十六條之一第五項規定訂定之。

第2條　本辦法所稱主管機關，爲內政部警政署。海岸巡防機關、消防機關列警察官人員及中央警察大學之警察人員有本條例第三十六條之一第三項所定情形者，其主管機關分別爲行政院海岸巡防署、內政部消防署及中央警察大學。

第3條　本條例第三十六條之一第三項所稱全殘廢或半殘廢之標準，準用公教人員保險殘廢給付標準表規定。

第4條　依本條例第三十六條之一第三項規定給與教養之子女，包括下列人員之婚生子女及其在執行勤務遭受暴力或意外危害發生前已收養之養子女：

一、警察機關、學校所屬警察人員。

二、海岸巡防機關列警察官人員。

三、消防機關列警察官人員。

第5條　給與子女教養之方式如下：

一、生活費用補助：每一子女每月補助新臺幣一萬元。

二、就學費用補助：包含學費、雜費、制服費、書籍費。

三、學齡前幼兒托育補助：每一子女每月補助新臺幣五千元。

前項第二款所定就學費用補助之基準，依軍公教遺族就學費用優待條例規定，並以就讀國內學校具有學籍之學生，且在法定修業年限就學期間所發生之費用為限。但延長修業年限、暑期補(重)修、輔系、雙主修及教育學程之學分費，不包括在內。

本人堪勝任職務，自上班之日起，停止給與第一項所定各項補助；已發給之補助，不予追繳。

服務機關、學校得定期訪視給與教養之子女，並協助學齡前幼兒優先進入公立托教機構。

第6條 前條第一項第一款所定生活費用補助，由受教養之子女或其父母、法定代理人，檢具申請表連同下列文件一式二份，於第四條所定人員殉職或確定殘廢之日起，向服務機關、學校提出申請，經初審符合規定後，層轉主管機關核定：

一、戶口名簿影本。

二、中央衛生主管機關評鑑合格醫院出具之公務人員殘廢等級證明書或權責機關核發之撫卹金證書。

三、服務機關、學校出具之警察人員執行勤務遭受暴力或意外危害致全殘廢或半殘廢證明書。

前項所定生活費用補助，自第四條所定人員殉職或確定殘廢之當月起發給，並一次發給當年所餘月數之補助；次年起，由申請人於每年一月及七月檢附核定文件向服務機關、學校提出申請，層轉主管機關發給當年上、下半年之補助。

第7條 第五條第一項第二款所定就學費用補助，由受教養之子女或其父母、法定代理人檢具申請表連同下列文件一式二份，於第四條所定人員殉職或確定殘廢之日起，向服務機關、學校提出申請，經初審符合規定後，層轉主管機關核定：

一、戶口名簿影本。

二、學生證影本。

三、學費繳費收據。

四、中央衛生主管機關評鑑合格醫院出具之公務人員殘廢等級證明書或權責機關核發之撫卹金證書。

五、服務機關、學校出具之警察人員執行勤務遭受暴力或意外危害致全殘廢或半殘廢證明書。

前項所定就學費用補助，同時有政府其他教育補助者，由申請人擇一申請。

本條例第三十六條之一第三項所定執行勤務中殉職者，其子女之就學費用補助，依軍公教遺族就學費用優待條例規定之程序辦理。

第8條　經核定給與就學費用補助之學生，在學期中有休學、退學或開除學籍情形之一者，應即停止給與補助；已發給之各項補助，不予追繳。但復學或再行入學時，於休學、退學前，該學期已領取之補助，不得重複請領。

第9條　第五條第一項第三款所定學齡前幼兒托育補助，由法定代理人檢具申請表連同下列文件一式二份，於第四條所定人員殉職或確定殘廢之日起，向服務機關、學校提出申請，經初審符合規定後，層轉主管機關核定：

一、戶口名簿影本。

二、中央衛生主管機關評鑑合格醫院出具之公務人員殘廢等級證明書或權責機關核發之撫卹金證書。

三、服務機關、學校出具之警察人員執行勤務遭受暴力或意外危害致全殘廢或半殘廢證明書。

前項所定學齡前幼兒托育補助，自第四條所定人員殉職或確定殘廢之當月起發給，並一次發給當年所餘月數之補助；次年起，由法定代理人於每年一月及七月檢附核定文件向服務機關、學校提出申請，層轉主管機關發給當年上、下半年之補助。

前項所定學齡前幼兒托育補助，已依其他法令規定申請政府補助者，應予抵充，僅發給差額，已達本辦法所定給與基準者，不再發給。

第10條 第6條、第7條及前條所定申請人不能申請時，由其服務機關、學校代為申請。

第11條 下列人員執行勤務中遭受暴力或意外危害，致全殘廢、半殘廢或在執行勤務中殉職者，其子女教養準用本辦法規定：

一、警察機關、學校、海岸巡防機關、消防機關暫支領警佐待遇人員。

二、於實習支援服行警察、海岸巡防、消防勤務或奉令協助警察、海岸巡防、消防機關執行任務期間之中央警察大學及臺灣警察專科學校學（員）生。

三、其他奉派會同執行警察、海岸巡防、消防機關勤務之公務人員。

第12條　本辦法所需經費，由主管機關編列預算支應。

前條第三款之公務人員，有本辦法所定情形者，由其相關中央主管機關編列預算支應。

第13條　本辦法自中華民國九十三年九月三日施行。

警察人員執行勤務遭受暴力或意外危害致全殘廢或半殘廢照護辦法

（民國94年02月22日（公發布）

第1條　本辦法依警察人員管理條例（以下簡稱本條例）第三十五條之一第三項規定訂定之。

第2條　本辦法所稱主管機關，為內政部警政署。海岸巡防機關、消防機關列警察官人員及中央警察大學之警察人員有本條例第三十五條之一第一項所定情形者，其主管機關分別為行政院海岸巡防署、內政部消防署及中央警察大學。

第3條　下列人員執行勤務中遭受暴力或意外危害致全殘廢或半殘廢者，給與醫療照護及安置就養：

一、警察機關、學校所屬警察人員。

二、海岸巡防機關列警察官人員。

三、消防機關列警察官人員。

第4條 本條例第三十五條之一第一項所稱全殘廢或半殘廢，其認定標準準用公教人員保險殘廢給付標準表規定。

第5條 本條例第三十五條之一第一項所稱醫療照護，指警察人員執行勤務中遭受暴力或意外危害，於其至全民健康保險醫事服務機構住院醫療及出院後就同一傷病之門診繼續醫療之照護。

前項所定醫療照護，由主管機關依下列情形核實給與：

一、全民健康保險法及其施行細則應自行負擔之費用。

二、醫師指定之必要費用。

三、相關醫療所需非具積極治療性裝具之費用。

受醫療照護之人員，依公務人員退休法退休者，其醫療照護仍依前二項規定辦理。

第6條 依本條例第三十五條之一第一項規定安置就養，其方式如下：

一、由主管機關安置於行政院國軍退除役官兵輔導委員會（以下簡稱輔導會）所屬榮譽國民之家（以下簡稱榮家）就養。但其生活自理能力在巴氏量表評量指數六十分以下者，安置於輔導會所屬榮民醫院（以下簡稱榮院）護理之家就養。

二、自行至政府立案之公私立社會福利機構、醫療療養機構及護理之家就養。

依前項規定安置就養，其基準如附表。

受安置就養之人員，依公務人員退休法退休者，其安置就養仍依前二項規定辦理。

第7條　申請醫療照護或安置就養，由本人、配偶、法定代理人或最近親屬二人，檢具申請表連同下列文件一式二份，於確定殘廢之日起，向服務機關、學校提出，經初審符合規定後，層轉主管機關核定：

一、申請醫療照護：

（一）中央衛生主管機關評鑑合格醫院出具之公務人員殘廢等級證明書。

（二）服務機關、學校出具之警察人員執行勤務遭受暴力或意外危害致全殘廢或半殘廢證明書。

二、申請安置就養：

（一）中央衛生主管機關評鑑合格醫院出具之公務人員殘廢等級證

明書。

（二）服務機關、學校出具之警察人員執行勤務遭受暴力或意外危害致全殘廢或半殘廢證明書。

（三）申請至護理之家安置就養者，另需檢附中央衛生主管機關評鑑合格醫院出具之巴氏量表。本人、配偶、法定代理人或最近親屬二人，不能申請或無人申請時，由其服務機關、學校代爲申請。

第8條　主管機關應將醫療照護及安置就養核定情形，函復申請人及服務機關、學校。經主管機關安置於榮家或榮院護理之家者，應於接獲輔導會通知之次日起一個月內向指定之榮家或榮院護理之家報到進住。

第9條　經核定給與安置就養之人員，有下列情形之一者，應廢止原核定：

一、未於指定期間報到或未實際進住榮家或榮院護理之家。

二、未實際進住政府立案之公私立社會福利機構、醫療療養機構及護理之家。

三、因個人意願放棄。經廢止安置就養者，申請人得敘明理由重行申請。

第10條　醫療照護及安置就養費用之發給程序如下：

一、醫療照護所需費用，由申請人按月或按季檢具核定函、醫師診斷證明書及醫療費單據，向主管機關申請核實發給。

二、安置於榮家或榮院護理之家就養所需費用，由輔導會向主管機關申請發給。

三、至政府立案之公私立社會福利機構、醫療療養機構及護理之家就養所需費用，由申請人按月或按季，檢具核定函及該照護機構費用單據，向主管機關申請核實發給。其費用不得超過第六條第二項所定就養基準。主管機關應將前項各款所定費用發給情形，函復申請人或輔導會。受安置就養人員，自執行勤務中遭受暴力或意外危害之日起至安置就養之日止，自行至政府立案之公私立社會福利機構、醫療療養機構及護理之家就養之費用，得依本辦法所定基準及程序申請補發。

因同一事由，已依其他法令規定申請政府補助者，應予抵充，僅發給差額；已達本辦法所定給與基準者，不再發給。

第11條　申請變更安置就養方式，應依原申請程序重行辦理。

第12條　服務機關、學校對受照護人員，應定期慰問訪視。

第13條　下列人員執行勤務中遭受暴力或意外危害，致全殘廢或半殘廢者，準用本辦法規定：

一、警察機關、學校、海岸巡防機關、消防機關暫支領警佐待遇人員。

二、於實習支援服行警察、海岸巡防、消防勤務或奉令協助警察、海岸巡防、消防機關執行任務期間之中央警察大學及臺灣警察專科學校學（員）生。

三、其他奉派會同執行警察、海岸巡防、消防機關勤務之公務人員。

第14條　本辦法所需經費，由主管機關編列預算支應。前條第三款之公務人員，有本辦法所定情形者，由其相關中央主管機關編列預算支應。

第15條　本辦法自中華民國九十三年九月三日施行。

經商社匯 11

INK PUBLISHING

警察故事2 未曾遺忘的兄弟

作　　者　張道藩
攝　　影　邢定威
總 編 輯　初安民
版面構成　黃洸雄　許秋山
校　　對　張道藩　邢定威

發 行 人　張書銘
出　　版　INK印刻出版有限公司
台北縣中和市中正路800號13樓之3
電話：02-22281626
傳真：02-22281598
e-mail:ink.book@msa.hinet.net
法律顧問　漢全國際法律事務所
林春金律師

總 經 銷　成陽出版股份有限公司
訂購電話：03-3589000
訂購傳真：03-3581688
http://www.sudu.cc
郵政劃撥　19000691 成陽出版股份有限公司
門市地址　106台北市新生南路三段96-4號1樓
門市電話　02-23631407
印　　刷　海王印刷事業股份有限公司

出版日期　2005 年 6 月 初版
2005 年 7 月 初版十九刷
ISBN 986-7420-75-6
定價　240元

國家圖書館出版品預行編目資料

警察故事2未曾遺忘的兄弟／
張道藩 著.邢定威 攝影
－－初版，－－臺北縣中和市： INK印刻，
2005〔民94〕面 ；　公分（經商社匯；11）

ISBN 986-7420-75-6（平裝）

782